Martin R. Textor
Projektarbeit im Kindergarten

AF199797

Martin R. Textor

Projektarbeit im Kindergarten

Planung, Durchführung, Nachbereitung

Books on Demand

Herstellung und Verlag: Books on Demand, Norderstedt
Alle Rechte vorbehalten – Printed in Germany
3., überarb. u. erg. Auflage 2020
© Martin R. Textor, www.martin-textor.de
Umschlagfoto: © Trina & Michele - Fotolia.com

ISBN 978-3-7504-3055-6

Inhalt

Einführung

Das Wort „Projekt" kommt aus dem Lateinischen, von „proiectum" – „das nach vorn Geworfene", der Entwurf, das Vorhaben. Im Kindergarten- und Kindertagesstättenbereich bezeichnen wir mit diesem Begriff ein geplantes, längerfristiges, konkretes Lernunternehmen, das unter einer bestimmten Thematik steht, längere Zeit dauert (mindestens einige Tage, die aber nicht direkt aufeinander folgen müssen) und eine größere Gruppe von Kindern und Erwachsenen beansprucht. Ausgehend von einer Idee, einem Problem, einer Fragestellung oder einer Interessenbekundung entwickeln die Beteiligten diese Projektinitiative zu einem sinnvollen Betätigungsfeld für alle weiter, indem sie Ziele setzen, verschiedene Aktivitäten planen und durchführen sowie schließlich prüfen, ob sie die angestrebten Ziele erreicht haben. Manche Projekte dauern Wochen oder gar Monate und wecken aufgrund von Ausstellungen, Vorführungen oder Zeitungsberichten die Aufmerksamkeit der Öffentlichkeit.

Im ersten Teil des vorliegenden Buches werden wir zunächst verdeutlichen, dass die Projektarbeit in Kindertageseinrichtungen aufgrund der heutigen Lebensbedingungen immer wichtiger wird: Beispielsweise werden Kinder aus der Erwachsenenwelt ausgegliedert und verbringen den größten Teil des Tages in „kindgerechten", nach pädagogischen Gesichtspunkten gestalteten Räumen („Institutionenkindheit", „Verinselung"). Die Wirklichkeit wird ihnen aus „zweiter" (durch Erzieher/innen) oder „dritter Hand" (durch Fernsehen/Computer, „Medienkindheit") vermittelt. Erfahrungsmöglichkeiten werden aufgrund der „Entsinnlichung kindlichen Lebens" immer einseitiger, viele Natur-, Körper- und Selbsterfahrungen werden aufgrund der Urbanisierung, Verkehrsgefährdung und ständigen Beaufsichtigung immer seltener gemacht.

Nach der Analyse solcher Charakteristika heutiger Kindheit werden wir aufzeigen, wie durch Projekte Selbsttätigkeit, entdeckendes Lernen, Ganzheitlichkeit, Lebensnähe, Handlungs- und Gemeinwesenorientierung in die Kindertageseinrichtungen zurückgeholt werden können. Anhand eines kurzen historischen Abrisses, der für die 2013 erschienene Auflage dieses Buches überarbeitet und erweitert wurde, werden wir darstellen, dass die Projektmethode bereits eine lange Geschichte hat. Dann werden wir den Verlauf eines Projekts – also Planung, Durchführung und Nachbereitung – „idealtypisch" beschreiben. Schließlich wird noch auf einige Rechtsfragen, insbesondere zur Aufsichtspflicht, eingegangen werden.

Im zweiten Teil des Buches verdeutlichen Praxisberichte das ganze weite Spektrum der Möglichkeiten, in denen sich Projektarbeit in Kindertageseinrichtungen entfalten kann. Die beschriebenen Projekte erleichtern es Kindern, sich ihre natürliche, soziale, wirtschaftliche und kulturelle Umwelt zu erschließen. Die Kinder machen Naturerfahrungen im Wald, lernen Abläufe in der Landwirtschaft kennen, legen Gartenbeete an, bauen Hühnerställe, erkunden die Einrichtungen der Kirchengemeinde, erforschen den Ortsteil, beschäftigen sich mit der Heimatgeschichte, gewinnen einen Eindruck vom Leben in verschiedenen Epochen, besuchen Museen, Redaktionen und Verlage, beschäftigen sich mit den Berufen ihrer Eltern, erfahren Grundzüge des Wirtschaftslebens, kommen in Kontakt mit Senioren, „reisen" in fremde Welten und werden mit anderen Kulturen konfrontiert.

Schon diese Beispiele zeigen, dass Kinder im Rahmen der Projekte mit verschiedenen Gruppen von Menschen in Berührung kommen – mit Handwerkern, Geschäftsleuten, Pfarrern, Politikern, Künstlern, Senioren, Museumspädagogen, Ausländern usw. Die Erkundung der Erwachsenenwelt und des Nahraumes führt zur Erweiterung des kindlichen Horizonts. Es kommt zu neuen Lernerfahrungen – nicht nur im kognitiven Bereich, sondern auch in der Sozial- und Persönlichkeitsentwicklung. Selbsttätigkeit und Eigenständigkeit werden gefördert. Wenn die Kinder an der Planung der Projekte beteiligt werden, kommt es auch zu einer Demokratisierung der Kindertageseinrichtungen. Schließlich erlaubt die Projektmethode die aktive Mitarbeit von Eltern und anderen Erwachsenen. Diese können in die Projekte eingebunden werden und auf diese Weise den Kindergarten-„Alltag" kennen lernen. Projekte erzeugen bei Eltern nicht nur Begeisterung, sondern führen oft auch zu einer generellen Anerkennung und Unterstützung der vom Kindergartenpersonal geleisteten Arbeit.

Schon diese kurze Einführung zeigt die große Bedeutung der Projektarbeit für Kindergarten und Hort auf. Jede Tagesstätte sollte im Verlauf eines Jahres zumindest einige Projekte durchführen. Dieses Buch bietet hierzu eine Fülle von Anregungen und nachahmenswerten Beispielen. Theorie und Praxis werden gleichermaßen berücksichtigt. Sie können das Buch von vorne bis hinten lesen; es ist aber ebenso möglich, mit den Praxisbeispielen des zweiten Kapitels einzusteigen, um dann zum theoretischen ersten Teil überzugehen.

Nicht versäumen möchte ich, mich an dieser Stelle bei Sylvia Maria Fenzl, Gabi Gietinger, Bernadette Heiß, Claudia Matheisl, Gretel Michelfeit und Carmen Wagner zu bedanken, die viele Projektbeschreibungen für dieses Buch beisteuerten. Frau Helga Kudies gebührt Dank für das Schreiben des Manuskripts.

1. Grundlagen der Projektarbeit

1.1 Kindheit heute

Die pädagogische Notwendigkeit und Sinnhaftigkeit von Projektarbeit werden deutlich, wenn wir uns mit den Charakteristika der heutigen (Klein-) Kindheit beschäftigen. So können wir feststellen, dass Kinder einen zahlenmäßig immer kleiner werdenden Teil unserer Bevölkerung bilden. Sie werden zunehmend marginalisiert, als Minderheit an den Rand der Gesellschaft gedrängt. In zahlreichen Bereichen wie im Wohnungs- und Städtebau oder im Straßenverkehr ist eine strukturelle Rücksichtslosigkeit gegenüber Kindern zu beobachten.

Für unser Thema ist aber wichtiger, dass diese Marginalisierung mit einer Ausgliederung von Kindern aus der Erwachsenenwelt bzw. aus Zentren des Alltagslebens verbunden ist. Kinder werden in altershomogene oder einige wenige Jahrgänge umfassende Gruppen aufgeteilt und in *Sonderumwelten* betreut. Kaufmann (1990, S. 106) erklärt: „Charakteristisch für diese Sonderumwelten ist, dass sie von Erwachsenen organisiert sind, dass der Gestaltungsraum der Kinder also von vornherein mit den Intentionen der Erwachsenen interferiert. Insoweit es sich um organisierte Betreuungseinrichtungen handelt, haben zudem mehr oder weniger professionalisierte hauptamtliche Betreuungspersonen das Sagen."

Zu diesen Sonderumwelten gehören Krippe, Kindergarten, Hort und Schule, sodass man auch von Institutionenkindheit sprechen kann. Da viele Eltern aber die Entwicklung ihrer Kinder ganzheitlich fördern wollen und meinen, dass dies in Kindertages- und Bildungseinrichtungen nicht geschehe, melden sie ihre Kinder zusätzlich in Sport- und Schwimmvereinen, Musik- und Ballettschulen an. Kinder verbringen somit immer mehr Zeit in kindgemäßen Räumen, in denen sie die Erfahrung einer kontinuierlichen Überwachung durch Erwachsene machen. Das trifft übrigens auch auf die

Familie zu, da kleinere Kinder immer mehr Zeit in der Wohnung (im Kinderzimmer) verbringen, weil sie aufgrund der Verkehrsgefährdung oder der Bedrohung durch sexuellen Missbrauch nicht mehr nach draußen dürfen bzw. können.

Die meisten Sonderumwelten sind pädagogisch besetzt, d.h., die Erwachsenen treten Kindern mit einer Unterweisungsabsicht gegenüber. Je nach den Zielen der jeweiligen Institution sind sie nur an bestimmten Aspekten der kindlichen Existenz wie der Sozialentwicklung, der Beherrschung einer Sportart oder eines Musikinstrumentes interessiert. Durch die von ihnen geplanten Programme und Aktivitäten prägen sie die bei ihnen verbrachten Stunden. Damit haben Kinder immer weniger Möglichkeiten, zwanglos, selbstbestimmt, spontan und kreativ zu handeln, ihren eigenen Interessen zu folgen und momentane Bedürfnisse zu befriedigen.

Kinder wechseln fortwährend zwischen der Familie und den Sonderumwelten. Aber auch Besuche bei Freunden erfolgen zumeist nur noch nach Verabredung. So wird das Leben von Kindern durch Termine und die Öffnungszeiten der Kinderbetreuungs-, Freizeit- und Bildungseinrichtungen – also durch Zeitpläne – bestimmt; bei der Nutzung vieler Angebote ist der Tagesablauf zerstückelt. Die Eltern kleinerer Kinder organisieren das außerfamiliale Programm und transportieren sie zu der jeweiligen Institution. Die Wege werden zumeist mit dem Auto oder öffentlichen Verkehrsmitteln zurückgelegt, sodass die zwischen den Aufenthaltsorten der Kinder liegenden Räume nur noch vorüberrauschen, sich letztlich verflüchtigen und erlebnisarm sind. Die Kinder wechseln von der „Wohninsel" zur „Kindergarten-" oder „Rollschuhbahninsel"; die übrigen Räume – zumeist die Lebensbereiche der Erwachsenen – bleiben unerforscht. Welches Ihrer Kinder hat wirklich das Dorf oder den Stadtteil erkundet, in dem es wohnt oder die Kindertageseinrichtung besucht? Welches kennt die örtlichen Geschäfte und Betriebe, Kirchen und Museen, Friedhöfe und Parks? Welches Kind hat einen Eindruck von der Arbeitswelt seiner Eltern gewonnen? Welches weiß, wo sich Polizei, Feuerwehr, Kläranlage und Mülldeponie befinden und was deren Funktionen sind?

Durch die *Verinselung* werden die Erfahrungsmöglichkeiten stark eingeschränkt, bleiben Kindern viele Bereiche der räumlichen Umgebung und der Erwachsenenwelt unbekannt. Für sie wird es immer schwerer, sich die Wirklichkeit anzueignen, zumal diese immer komplexer und undurchschaubarer wird. Damit ist eine gänzlich andere Situation als z.B. noch in der ersten Hälfte des Jahrhunderts gegeben, als Kinder ihre Wohnumgebung in mit zunehmendem Alter immer größer werdenden Radien selbständig erforschten. Früher spielten Kinder unbeaufsichtigt im Wald, an Bächen und auf Wiesen, tollten auf der Straße und dem Hof herum und maßen ihre Kräfte aneinander. So ganz nebenbei beobachteten sie das Verhalten von Tieren und Vögeln, lernten Bäume und Pflanzen kennen und registrierten die jahreszeitlich bedingten Veränderungen der Natur. Da sie auf dem Hof oder im Garten mithelfen mussten, kannten sie Getreide-, Gemüse- und Obstsorten sowie die verschiedenen Anbaumethoden. Oft waren sie für die Versorgung von Hühnern, Brieftauben, Stallhasen und anderen Tieren zuständig. Die Kinder spielten und arbeiteten mit denselben Werkstoffen wie Erwachsene, ahmten Arbeitsvorgänge ihrer Eltern nach, stellten viele Gegenstände selbst her und mussten Aufgaben im Haushalt, im Geschäft oder in der Werkstatt übernehmen. Spiel- und Arbeitstätigkeit gingen ineinander über; die Kinder wuchsen „automatisch" in die Erwachsenenwelt hinein.

Heute haben Kinder nur selten Gelegenheit zum unbeaufsichtigten Spiel in der Natur, zum Herumtoben und zu spontanen Kontakten mit anderen Kindern – die wenigsten Stadtkinder finden in der Nähe unbebaute Grundstücke oder naturbelassene Flächen vor, aber auch Kinder in Landgemeinden dürfen oft die nächste Wohnumgebung nicht verlassen. Spielplätze sind kein Ersatz, da sie zumeist weder ansprechend noch altersgerecht sind. Wälder, Gewässer, landwirtschaftlich genutzte Flächen, Nutztiere und Bauerngärten werden häufig nur noch im Vorbeifahren wahrgenommen. Hinzu kommt, dass es heute auch an Möglichkeiten zur Entwicklung motorischer Kompetenzen und handwerklicher Fertigkeiten mangelt, da Kinder nur noch selten in die planvolle Herstellung von Gegenständen eingebunden werden, mit Werkzeug umgehen dürfen oder Aufgaben von ihren Eltern übertragen bekommen. Außerdem sind viele Haushaltsfunktionen aufgrund des Erwerbs technischer Geräte sowie des Waren- und Dienstleistungsangebots unnötig geworden. Eine spielerische Vorbereitung auf spätere Tätigkeitsbereiche Erwachsener erfolgt kaum noch.

Die Aneignung der natürlichen, wirtschaftlichen und kulturellen Umwelt durch Beobachtung und Selbsttätigkeit wird somit immer schwerer möglich. Gudjons (1994, S. 13) ergänzt: „Die reichhaltigen – nicht nur sozialen – Erfahrungsmöglichkeiten haben sich damit erheblich reduziert. Nimmt man dann noch den Ersatz des Brotbackens durch ‚Aufbackbrötchen', den Ersatz der Konservierungstechniken durch Tiefkühltruhe und das Wegfallen von Feuermachen und Kohleschleppen durch die vollautomatische Zentralheizung u.a.m. hinzu, dann zeigt sich sehr rasch, in welchem Maß diese Entwicklung – nicht nur in der Großstadt – zum Verlust von anregender sinnlich-unmittelbarer Erfahrung im tätigen Umgang mit Dingen und Menschen geführt hat."

Hier wird deutlich, dass es zunehmend zu einer *Entsinnlichung kindlichen Lebens* kommt und dass Kleinkinder viele Gegenstände und Prozesse aufgrund der technischen Entwicklung nicht mehr durchschauen können. Sie können weder mit den Sinnen erfasst noch handelnd ausprobiert und damit verstanden werden. Die heutigen Lebensbedingungen von Kindern reduzieren die Bandbreite und Vielfalt der Erfahrungen.

Eigentätigkeit, sinnvolles Spielen und soziale Kontakte werden auch durch den Medienkonsum beeinträchtigt. Im Durchschnitt verbringen (Klein-) Kinder mehrere Stunden pro Tag vor dem Bildschirm, wobei die Sehdauer bei fehlender Nachmittagsbetreuung und großstädtischen Wohnformen besonders lang ist – wie auch dann, wenn der Fernseher von den Eltern als „Babysitter" missbraucht wird. So kann man berechtigterweise von einer *Medienkindheit* sprechen. In einer schier unendlichen Fülle flüchtiger Bilder und Töne werden die Kinder mit allen menschlichen Lebensbereichen, Verhaltensformen und Kulturen konfrontiert: „Ein heutiges Kind kennt durch das Fernsehen bereits die ganze Welt, ehe es alleine eine Straße überqueren kann" (Barthelmes/Sander 1988, S. 383).

Insbesondere Kleinkinder halten auch alles für wahr, was auf dem Bildschirm abläuft, obwohl es sich nur um geplante, veränderbare Abbilder einer vorhandenen oder konstruierten Welt handelt. So meint Herz (1994, S. 353): „Das Wasser, das im Fernsehen fließt, ist nicht nass. Die Blume, die im Fernsehen gezeigt wird, duftet (noch) nicht. Das Blut, das umfangreich spritzt, geht nicht wirklich unter die Haut. Das Bild von der Wirklichkeit, das durch das Fernsehen vermittelt wird, blendet Sinneserfahrungen aus, die auch den Menschen zum Menschen machen. Gerade Stadtkinder wachsen mit reduziertem Sinnesleben auf." Anstatt mit den eigenen Sinnen und im handelnden Umgang mit der Umwelt Lernerfahrungen zu machen, lernen Kinder also die Wirklichkeit „aus zweiter Hand" kennen. Intellekt und Artikulationsfähigkeit werden beim Fernsehen kaum stimuliert, die soziale und die motorische Entwicklung nicht gefördert, Fantasie und Kreativität nicht angesprochen.

Auch viele Spielsachen beeinträchtigen Selbsttätigkeit und Erfindungsgabe. So ist immer häufiger das Spielerlebnis bereits vorprogrammiert: Puppen weinen, sprechen und laufen, Autos werden fernbedient, Konsolenspiele lassen nur bestimmte Aktionen zu – das Spielen wird auf die Bedienung von Schaltern und Tastaturen reduziert. Aufgrund der engen Verzahnung von Kinderfernsehsendungen und Kinder-Warenmärkten tauchen auch immer mehr populäre Fernsehstars und Zeichentrickfilmhelden als Plastikfiguren (nebst Zubehör) auf. Hier beschränkt sich das Spiel oft auf das Nachstellen von Filmszenen. Dieses Spielzeug wird nur noch konsumiert – wie Fernsehsendungen, Musik-CDs und die in Kindertagesstätten, Vereinen und Freizeiteinrichtungen von Fachleuten entwickelten Spielprogramme oder die Süßigkeiten, mit denen Eltern ihr schlechtes Gewissen beruhigen, wenn sie wieder einmal zu wenig Zeit für ihre Kinder hatten. Kindliche Aktivität zeigt sich somit heute vor allem im Konsum.

1.2 Ziele und Prinzipien von Projektarbeit

Eine zeitgemäße Pädagogik reagiert auf die im vorausgegangenen Kapitel skizzierten Charakteristika von Kindheit

- wie Ausgliederung aus der Erwachsenenwelt, Verinselung, Leben in Sonderumwelten und mangelnder Naturerfahrung: mit den Prinzipien der *Lebensnähe,* der *Öffnung* von Kindertageseinrichtungen zu ihrem Umfeld hin und der *Regionalisierung,*

- wie pädagogischer Besetzung, Verlust von Erfahrung, Entsinnlichung und Prägung durch (Medien-) Konsum: mit den Prinzipien der *Handlungsorientierung,* des *Erfahrungslernens,* der *Selbsttätigkeit* und des *entdeckenden Lernens,*

- wie der Komplexität und Undurchschaubarkeit der Wirklichkeit: mit dem Prinzip des *exemplarischen Lernens,*

- wie der Fremdbestimmung und den fehlenden Sozialkontakten: mit den Prinzipien der *Kindorientierung* und *Mitbestimmung,*

- wie dem Verlust an Fantasie und Kreativität sowie der zu geringen Förderung der Artikulationsfähigkeit und der Motorik: mit den Prinzipien der *ganzheitlichen Kompetenzförderung* und der *Offenheit der Methoden.*

Diese pädagogischen Prinzipien lassen sich gerade durch Projektarbeit sehr gut realisieren. Sie sollen nun auf den folgenden Seiten detailliert beschrieben werden.

Bitte halten Sie einen Moment im Lesen inne und fragen Sie sich: Wie lebensnah sind die Stunden, die Kinder in „meiner" Kindertageseinrichtung verbringen? Inwieweit können sie in dieser Zeit die natürliche, soziale und kulturelle Wirklichkeit kennen lernen? Sind die Lernerfahrungen eher einseitig und realitätsfern oder vielfältig und realitätsnah? Und in Abwandlung eines Sprichworts: Lernen die Kinder für den Kindergarten oder für das Leben?

Lebensnähe

Durch Projektarbeit wird die Distanz zwischen dem „pädagogischen Schutzraum" der Kindertageseinrichtung und der Welt vermindert. Beim Befolgen des Prinzips der Lebensnähe werden die konkrete Wirklichkeit, die Umwelt, der Erwachsenenalltag zum „Lehrer" der Kinder. Durch die Begegnung mit Lernsituationen und die Erschließung von Erfahrungsräumen im Umfeld der Kindertagesstätte werden die Kinder auf das Leben in der Erwachsenenwelt vorbereitet, erfahren sie Hilfe zur Lebensbewältigung. Projekte konfrontieren Kinder mit real gegebenen Sachlagen und Problemen, die die Lebenswelt in ihrer Vielfalt erfahrbar machen.

Öffnung

Lebensnähe kann in der pädagogischen Arbeit somit nur erreicht werden, wenn es zu einer Öffnung der Kindertageseinrichtungen hin zur Natur und zum Gemeinwesen kommt. Plakativ könnte man sagen: „Macht den Kindergarten auf, lasst die Kinder heraus ins Leben." Hopf (1988, S. 23) meint zur Gemeinwesenorientierung: „Der Ausgangspunkt ist die Tatsache, dass die Nachbarschaft und der Ortsteil, in dem Familien ihr Zuhause haben, wesentliche Sozialisationsfaktoren für Kinder darstellen. Denn der Stadtteil und die Gemeinde bilden den unmittelbaren Erfahrungshorizont, und Kinder im Vorschulalter sind an ständiger Erweiterung des ‚Horizontes' interessiert; sie wollen ihre weitere räumliche und soziale Nachbarschaft entdecken und erobern. Dort befindet sich eine Fülle von Anschauungsmaterial und liegt der Mittelpunkt für soziale Bezüge, die ein Kind über den engeren Kreis der Familie hinaus aufnimmt. Die lokale Umwelt als Sozialisationsfaktor gewinnt eine kaum zu überschätzende Funktion für die Identitätsentwicklung des Klein-kindes."

Bei der Öffnung der Kindertageseinrichtungen geht es also darum, die Umgebung mit ihren naturnahen Flächen, Gebäuden, Institutionen, Geschäften, Unternehmen, Vereinen usw. zu Lernorten für Kinder zu machen. Die Vielzahl natürlicher, sozialer und kultureller Bestandteile des Nahraums werden im Rahmen von Projekten für unmittelbare Erfahrungen genützt. Zugleich werden Kinder mit Erwachsenen unterschiedlichen Alters, mit ihnen zuvor unbekannten Kindern, Jugendlichen und Senioren, mit Einheimischen und Ausländern, mit Nachbarn, Arbeitern, Angestellten, Beamten und Unternehmern konfrontiert, werden Barrieren zwischen den Generationen und Altersgruppen abgebaut. So machen die Kinder reichhaltige Lernerfahrungen mit anderen Menschen. Zugleich werden sie aus ihrer gesellschaftlichen Randexistenz herausgeführt – und die Kindertagesstätten betreiben scheinbar nebenbei „Öffentlichkeits"-Arbeit und Kinderpolitik.

Regionalisierung

Die Öffnung zur natürlichen Umgebung und zum Gemeinwesen hin bedeutet zudem eine Regionalisierung des Lernens. Gleichsam als Gegenbewegung zu zentralistischen und vereinheitlichenden Tendenzen werden im Rahmen von Projekten die einzelne Gemeinde, das überschaubare örtliche Umfeld, die Lebenswelt der Kinder und ihrer Familien als Lernorte wieder entdeckt. Es wird erneut Wert darauf gelegt, dass Kinder ihre Heimat, die in ihrem Umkreis vorhandenen Probleme, die örtliche Geschichte und die Vielfalt der eigenen Kultur kennen lernen. Wie schon in dem vorstehenden Zitat von A. Hopf angesprochen, werden hiervon auch positive Folgen für die Identitätsentwicklung von Kindern erwartet.

Entdeckendes Lernen

Durch die Öffnung von Kindertageseinrichtungen zu ihrem Umfeld hin werden mehr Möglichkeiten für ein entdeckendes Lernen geschaffen. Die Kinder werden mit ihnen unbekannten Situationen und Fragestellungen konfrontiert, die ihre naturgegebene Neugierde und Entdeckerfreude auslösen. Manchmal muss aber auch zunächst ihre Motivation geweckt werden, indem sie zu dem jeweiligen Lerngegenstand im Gespräch hingeführt werden und ihnen der Reiz des Themas deutlich gemacht wird. Dann gehen die Kinder so weit wie möglich selbständig vor, sammeln und verarbeiten Informationen, stellen Vermutungen an, suchen nach Methoden zum Erfassen des Lerngegenstandes, gewinnen Einsicht in seine Strukturen und in Ursache-Wirkungs-Abfolgen („Aha"-Erlebnisse), experimentieren, bilden Begriffe und Kategorien, kommunizieren mit anderen, lösen auftretende Probleme und Konflikte. Je nach Thematik und Situation kann das entdeckende Lernen mit mehr oder weniger Anleitung durch Erzieher/innen und andere Erwachsene erfolgen. Auch kommen in der Regel alle Lerntypen zu ihrem Recht: Manche Kinder lernen am besten auditiv (durch Hören und Sprechen), andere visuell (durch Wahrnehmen und Beobachten), andere motorisch (durch Fühlen und Anfassen) oder abstrakt (durch Denken).

Selbsttätigkeit

Umfelderkundung, entdeckendes Lernen und eigenständiges Sammeln von Erfahrungen im Kontext der Projektarbeit verweisen auf die Prinzipien der Selbsttätigkeit und Handlungsorientierung. Diese berücksichtigen, dass (Klein-) Kinder neugierige, rastlose, aktive Wesen sind, die gerne (eigenen) Fragen nachspüren, etwas selbst machen und Dinge ausprobieren wollen. Selbsttätigkeit erhält die Motivation, sich mit einem Gegenstand, einem Problem oder einer Situation längerfristig auseinander zu setzen. Sie hat den Vorzug der Anschaulichkeit und Konkretheit. Abläufe von der Planung über die

Durchführung bis hin zur Bewertung von Vorhaben werden deutlich, die Erfahrung des Entstehungsprozesses fördert das Verstehen, die Folgen des eigenen Tuns werden wahrgenommen, und daraufhin kann die eigene Vorgehensweise reflektiert werden. Selbsttätigkeit ist eine sehr befriedigende Art des Lernens, da Kinder durch sie Primärerfahrungen sammeln, Probleme lösen und Leistungen erbringen, für die sie in der Regel die Anerkennung anderer Kinder, der Erzieher/innen oder der Eltern erfahren. Dadurch werden die Lernmotivation und die Bereitschaft zum lebenslangen Lernen gefördert.

Handlungsorientierung

Handlungsorientierung bedeutet, dass sich die Kinder im tätigen Umgang mit Gegenständen, in ihren sozialen Rollen und auf der symbolisch-geistigen Ebene als handelnde Subjekte erfahren und bewähren. Person und Umwelt werden in einer dialektischen Beziehung stehend gesehen: Sie sind keine getrennten Gegebenheiten, sie werden vielmehr durch die Handlung miteinander verknüpft. Durch das Handeln werden nicht nur Teile oder Aspekte der Umwelt manipuliert, sondern auch das Individuum verändert sich, indem es z.B. Erkenntnisse und Kompetenzen erwirbt oder sich selbst besser kennen lernt. Im Handeln können sich Kinder in ihrer Ganzheit einbringen. Ihre Aktivitäten orientieren sich an den sachlichen Erfordernissen der Aufgabe. Sie lernen durch die Auseinandersetzung mit der Welt bzw. durch die Beteiligung an einer gemeinsamen Tätigkeit.

Erfahrungslernen

Durch die Öffnung von Kindertageseinrichtungen, das entdeckende Lernen und die Handlungsorientierung wird es Kindern ermöglicht, im Rahmen von Projekten viele Erfahrungen „aus erster Hand" zu sammeln. Insbesondere Kleinkinder, die noch sehr sinnlich orientiert sind und sich die Welt aus ihren Wahrnehmungen erschließen, lernen am besten durch Beobachtungen und selbst gemachte Erfahrungen. Bei deren Verarbeitung sind sie aber oft auf die Hilfe von Erwachsenen angewiesen. Erfahrungslernen ist besonders dann sehr produktiv, wenn Erzieher/innen immer wieder mit den Kindern über die in einem bestimmten Bereich gesammelten Erfahrungen sprechen und herauszufinden versuchen, welche Vorstellungen auf dieser Grundlage entwickelt wurden.

Wie wir aus der Psychologie wissen, bekommen Kinder erst allmählich ein realistisches Verständnis von der sie umgebenden Welt. Es kommt also darauf an, ihnen Erfahrungen zu vermitteln, durch die sie primitivere Vorstellungen hinterfragen und durch neue Konzeptionen ersetzen können. Neue Erfahrungen können also Denkvorgänge stimulieren, wobei Erzieher/innen und andere Kinder diesen Prozess durch Fragen nach dem Was, Wie oder Warum fördern können – aber auch dadurch, dass sie auf Unterschiede zwischen ihren eigenen Vorstellungen und denjenigen des jeweiligen Kindes verweisen. Dieses wird auf solche Weise motiviert, über seine Denkweise nachzudenken und wirklichkeitsgetreuere Konzeptionen zu entwickeln.

Exemplarisches Lernen

Da Projekte recht zeitaufwändig sind, können Themenbereiche nie umfassend behandelt werden. Hier wird dem Prinzip des exemplarischen Lernens gefolgt: Das Einzelne ist Spiegel des Ganzen; an ihm können allgemeine Zusammenhänge, Strukturen, Gesetzmäßigkeiten usw. aufgezeigt werden. Somit wird das Projekt also als Beispiel für vieles andere genommen, und derselbe Zweck kann durch verschiedene Projekte erreicht werden.

Kindorientierung

Ein anderes wichtiges pädagogisches Prinzip, das sich sehr gut im Rahmen der Projektarbeit realisieren lässt, ist die Kindorientierung. Kinder sind aktive, sich selbst bildende Subjekte, und gerade Projekte bieten ihnen viele Gelegenheiten zum selbstbestimmten, tätigen Lernen und Handeln. Ausgangspunkt der pädagogischen Arbeit sind also ihre Interessen, Neigungen, Bedürfnisse und Erfahrungen, die bereits bei der Auswahl des Projektthemas berücksichtigt werden sollten. Auch werden die Kinder am Planungsprozess beteiligt. Sie bestimmen die Durchführung des Projektes mit, da der Ablauf mit ihnen immer wieder reflektiert wird und die nächsten Schritte gemeinsam überlegt werden. Die Kinder werden also von Anfang an einbezogen, diskutieren über Ziele, Lerninhalte, Vorgehensweise und Methoden mit. Sie beraten gemeinsam mit den Erzieher/innen (und eventuell den Eltern und anderen Erwachsenen), wie sie die Projekte gestalten wollen.

Mitbestimmung

Kindorientierung bedeutet somit auch, viele Gelegenheiten zur Mitbestimmung zu schaffen. Projektarbeit bereitet auf das Leben in einer demokratischen Gesellschaft vor: „Projekte sind immer demokratisch, sie zielen auf Partizipation ab und setzen stets kooperative und solidarische Arbeitsformen voraus" (Stamer-Brandt 2018, S. 13, im Original fett). Die Kinder lernen den dialogischen Umgang mit Jüngeren, Gleichaltrigen und Älteren, indem sie ihre Anliegen deutlich machen und begründen, zuhören, sich mit unterschiedlichen Standpunkten und Erfahrungen auseinandersetzen und sich aus der Perspektive der anderen wahrnehmen. Sie müssen ihre Angelegenheiten selbst regeln, sich absprechen, sich auf bestimmte Dinge einigen, miteinander kooperieren und einander helfen. Sie werden so zu gleichberechtigten Partnern.

Ganzheitliches Lernen

Deutlich wird, dass Projektarbeit das Einbringen des ganzen Menschen erlaubt, also dem pädagogischen Prinzip des ganzheitlichen Lernens genügt. Die sinnliche, motorische, kognitive, moralische, ästhetische, emotionale und die soziale Entwicklung der Kinder werden gleichermaßen unterstützt. Verständnis, Abstraktionsfähigkeit und Begriffsbildung werden gefördert. Die Kinder entwickeln Urteilsvermögen und Kommunikationsfertigkeiten, erwerben Wissen und eine Vielzahl von Kompetenzen. Die gemachten Erfahrungen führen zu einem positiven Selbstbild, zu Eigenverantwortung und Selbstsicherheit, zu Lebenstüchtigkeit, Mündigkeit und Selbständigkeit.

Methodische Offenheit

Offensichtlich ist, dass eine solche umfassende Kompetenzförderung nur möglich ist, wenn Projektarbeit dem pädagogischen Prinzip der inhaltlichen und methodischen Offenheit folgt. Sie muss forschende, entdeckende, sinnsuchende, problemlösende, kommunikative, darstellende und viele andere Aktivitäten stimulieren. Dazu müssen alle möglichen und altersgemäßen Organisationsformen, Lerninhalte und Methoden eingesetzt werden. Auf Techniken, die zur Sinnesschulung führen oder die motorische Entwicklung, die Selbsttätigkeit und die kindliche Kreativität fördern, ist besonders viel Wert zu legen.

1.3 Geschichte der Projektarbeit

Der Projektbegriff bzw. die Projektmethode entstanden im späten 16. Jahrhundert an den ersten Kunstakademien in Italien. Hier wurden die Entwurfsarbeiten der fortgeschrittenen Studenten „progetti" genannt. „Die Kunstschüler mussten in den Projekten ihre eigenen Ideen mit der Beobachtung der Natur und der Gegenstände der erfahrbaren Welt, aber auch mit den erlernten Techniken der Wiedergabe und Gestaltung von Wahrnehmungen verknüpfen. Dies war bereits ein Anspruch, der in der Wende vom 15. zum 16. Jahrhundert von Leonardo da Vinci an künstlerische Tätigkeit gestellt wurde: die Suche nach Erkenntnis und nach der Wahrheit der Dinge. Bilder und Zeichnungen sind Dokumente der Suche nach Wahrheit. Damit wird die individuelle Erkenntnissuche kommunizierbar; sie wird öffentlich, für andere nützlich und erfährt eine Art sinnlicher Spiegelung" (Knauf 2003).

Mitte des 19. Jahrhunderts wurde der Projektbegriff im Gefolge der industriellen Revolution wieder aufgegriffen: Als die Hochschulen ihren Fächerkanon um die Ingenieurwissenschaften erweiterten, wurden Projekte als Teil der technischen Ausbildung an amerikanischen (und europäischen) Universitäten eingeführt.

Der Projektbegriff wurde um 1880 von Calvin M. Woodward auf den Werkunterricht in amerikanischen Sekundarschulen übertragen. Gegen 1890 führte Charles R. Richards die Projektarbeit an Primarschulen ein. Eines der ersten Projekte fand an der Horace Mann Schule in New York City statt: „Die Schüler der zweiten Klasse ... beschlossen unter Beteiligung des Lehrers, ein Indianer-Projekt durchzuführen. Sie lasen Longfellows Gedicht ‚Hiawatha'. Sie besprachen die Gebräuche und Riten der Indianer und besuchten das Naturkundemuseum. Dann bauten sie Zelte, schneiderten Kostüme und schnitzten Pfeil und Bogen, um schließlich einen Tag als Indianer zu leben. Die Schüler erwarben Kenntnisse und Fertigkeiten, wenn sie sie zur Durchführung des Projekts brauchten" (Frey 1990, S. 31).

Zur Verbreitung der Projektmethode trug der Pragmatismus bei, wie er vor allem von John Dewey (1859-1952) vertreten wurde. Dieser meinte, dass Volksbildung lebensnah sein, sich an der Praxis orientieren und auf das selbständige Leben in einer demokratischen und technisch hoch entwickelten Gesellschaft vorbereiten müsse. So sollten Kinder in einem realen sozialen Kontext sinnvolle Aufgaben und Probleme lösen und praktisch tätig werden. Das manuelle Tun, die Selbsttätigkeit, das planvolle Handeln seien urtümlich und für den Menschen charakteristisch. Damit seien sie der natürliche und fruchtbarste Ansatz für alles Lernen („learning by doing"). Sie könnten mit Hilfe der „Projekt-, Problem- oder Situationsmethode" besonders gut gefördert werden. „Mit dieser dreifachen Benennung akzentuiert Dewey jeweils spezifische Aspekte der Methode ... Der Begriff ‚Projekt' verweist auf die Zielgerichtetheit, Planmäßigkeit und den Handlungsbezug, der Begriff ‚Problem' verweist auf den Problembezug, und der Begriff ‚Situation' verweist schließlich auf den Erfahrungsbezug des unterrichtlichen Geschehens und auf die Wechselwirkung, die zwischen Mensch und Welt hergestellt werden soll" (Hänsel 1992, S. 28).

Projektarbeit ermöglicht „denkende Erfahrung", die nach Dewey folgende Züge umfasst:

- die Befremdung und Verwirrung angesichts einer Sachlage oder eines Problems,
- das Präzisieren der Fragestellung und probeweise Deutung,
- die sorgfältige Erkundung und Ausgestaltung der vorläufigen Annahmen,
- der Entwurf eines Lösungsansatzes bzw. die Entwicklung eines Handlungsplans sowie
- die Ausführung des Plans und Überprüfung.

Deweys Gedanken wurden von William Heard Kilpatrick (1871-1965) weiter ausgestaltet. „Kilpatrick weist vor allem auf die charakterbildenden Leistungen des Projekts hin. Die realen Aufgaben des Projektes führen in demokratisches Leben ein. Vor allem sozial problemhaltige und subjektiv stark empfundene Situationen stimulieren handlungsrelevantes Lernen. Sie sind nicht durch Wissen aus Einzeldisziplinen, sondern nur durch fächerübergreifende Kooperation zu bewältigen. Die realen Lebenssituationen verpflichten die Lernenden, sich mit der lokalen Gemeinde, mit Verwaltungen und mit Instanzen außerhalb des Lernortes Schule auseinander zu setzen" (Frey 1990, S. 40).

In Deutschland wurde der Projektarbeit durch die *Pädagogik vom Kinde aus* der Weg bereitet. Vor allem die Arbeitsschulbewegung trug dazu bei, das Projekt ins Zentrum der pädagogischen Arbeit zu rücken. Beispielsweise betonte Georg Kerschensteiner (1854-1932) die aktive Auseinandersetzung des Kindes mit der Natur und den Kulturgütern. Vor allem wurde er durch die Forderung bekannt, geistiges und manuelles Tun miteinander zu verknüpfen. So führte Kerschensteiner z.B. Schulküchen, Aquarien und Terrarien, Schulgärten, Werkstätten für Holz- und Metallarbeit sowie Laboratorien an Schulen ein.

Fritz Karsen (1885-1951) verwendete als erster Deutscher den Projektbegriff. In seiner „sozialen Arbeitsschule" entwickelt zu Beginn des Schuljahres ein Komitee aus Lehrern und Schülern gemeinsam einen Projektplan für die ganze Schule. Die einzelnen Klassen überlegen, welche der Projekte sie für sinnvoll erachten und durchführen wollen. Diese werden dann arbeitsteilig oder kooperativ angegangen. Die Projekte sollen in der Anfertigung „vorweisbarer Produkte" ihren Höhepunkt finden, die am Ende des Schuljahres in einer Ausstellung zusammengefasst und kritisch gewürdigt werden.

Auch nach Adolf Reichwein (1898-1944) sollten Projekte den gesamten Schulunterricht prägen: Indem Lehrer/innen und Schüler/innen kooperieren und ein gemeinsames Werk schaffen, können sie die Trennung zwischen Denken und Handeln überwinden. „Reichwein unterscheidet Werkvorhaben und Jahresvorhaben. Die Werkvorhaben entstehen aus ‚lebendigen Anlässen', aus ‚Spiel und Versuch'. Denn ‚das Wissen', sagt Reichwein, das ‚aus der persönlichen

26

Begegnung mit der Sache' erwächst, ist ‚nicht toter Besitz', sondern ist ‚in das kindliche Sein als Erfahrung eingegangen'. Die Werkvorhaben sind um Themen wie ‚Wir bauen einen Bauernhof' fächerübergreifend angelegt. Sie fügen sich unter der Leitung des Lehrers zu den Jahresvorhaben zusammen – ‚die ländliche Welt', ‚der gemeinschaftliche Mensch'" (Frey 1990, S. 38).

Diese überwiegend auf Schulen beschränkten Ansätze der Projektarbeit wurden während des Dritten Reichs bekämpft und spielten bis in die Nachkriegszeit hinein keine Rolle. Erst in den 1960er Jahren wurde erneut versucht, Kopf- und Handarbeit zu vereinen, Selbsttätigkeit und entdeckendes Lernen zu fördern, Gruppenarbeit einzuführen und die Bildungseinrichtungen für das Leben und hin zum Gemeinwesen zu öffnen („community education"). Die meisten Projekte, die an Schulen durchgeführt wurden, hatten aber einen sozialkritischen Ansatz und riefen Widerstände seitens des „Establishments" hervor, sodass es erneut zu Rückschlägen für die Projektarbeit kam. Erst seit den 1980er Jahren sind Einzelprojekte und Projektwochen an Schulen wieder häufiger geworden.

Im Kindertagesstättenbereich haben Projekte erst relativ spät Einzug gehalten. Der Wegbereiter war die Einführung des „Erprobungsprogramms im Elementarbereich" (1975-1978) durch die Bund-Länder-Kommission für Bildungsplanung und Forschungsförderung. In diesem Kontext wurde vom Deutschen Jugendinstitut in München der *Situationsansatz* entwickelt. Dieser geht von dem Grundsatz aus, dass die pädagogischen Aktivitäten an der aktuellen Lebenssituation der Kinder auszurichten seien. Das heißt:

1. Die pädagogischen Aktivitäten sollen von den Erfahrungen der Kinder ausgehen und somit für diese sinnvoll sein.

2. Sie sollen den Kindern helfen, sich in ihrer Lebenswelt zurechtzufinden und in ihr handlungsfähig zu sein.

3. Im Rahmen dieser pädagogischen Aktivitäten sollen die Kinder Kompetenzen und Kenntnisse erwerben, die sie auch für zukünftige Anforderungen wappnen.

Der Bezug zur Lebenssituation ist also ein zweifacher: Zum einen geht es um aktuelle Situationen, mit denen Kinder gerade beschäftigt sind. Zum anderen geht es um Situationen, mit denen Kinder in der (nahen) Zukunft konfrontiert werden könnten und die für das Hineinwachsen in die Gesellschaft relevant sind. Letztere werden den Kindern aber erst dann zugemutet, wenn sich ein situativer Anlass ergibt, der die Einführung des jeweiligen Themas ermöglicht. Da es eine Unmenge von relevanten Schlüsselsituationen gibt, könnten während der Kita-Zeit sowieso nur einige wenige exemplarisch bearbeitet werden. Beim Situationsansatz wird in vier Schritten vorgegangen:

1. Durch Beobachtung der Kinder wird eine relevante Situation erfasst und zusammen mit Kindern, Kolleg/innen und Eltern untersucht. Es wird somit eine Situationsanalyse durchgeführt.

2. Im Dialog mit anderen Personen wird erarbeitet, was an dieser Situation unter pädagogischen Gesichtspunkten wichtig ist, welche Anforderungen die Situation an Kinder stellt und welche Kompetenzen sie zu deren Bewältigung benötigen. Es erfolgt also eine Zielanalyse.

3. Es wird überlegt, durch welche Aktivitäten Kinder die notwendigen Kenntnisse und Fertigkeiten erwerben könnten. Diese werden dann im realen Lebensumfeld der Kinder eingeführt, wobei viel Wert auf selbsttätiges, entdeckendes und Problem lösendes Lernen gelegt wird.

4. Die gesammelten Erfahrungen werden ausgewertet. Dann wird überlegt, wie es weitergehen könnte.

Beim Situationsansatz wird großer Wert auf das soziale Lernen gelegt, das dem Kenntniserwerb übergeordnet ist. Es soll zu Selbstbestimmung und Solidarität führen. Diese Schwerpunktsetzung wird auch in der Bezeichnung des „Curriculums Soziales Lernen" deutlich, das vom Deutschen Jugendinstitut in den 1970er Jahren entwickelt wurde. Hier wurden exemplarische Lebenssituationen entsprechend den vorgenannten vier Schritten analysiert, mögliche Aktivitäten mit Kindern erprobt und die gesammelten Erfahrungen evaluiert. So entstanden umfangreiche Dokumentationen zu Themen wie z.B. „Ich und meine Familie", „Wir erkunden unseren Stadtteil", „Kinder und alte Menschen" oder „Wir besuchen Handwerker".

In diesem Curriculum werden also Projekte beschrieben, die sich auf gegenwärtige oder zukünftig relevante Lebenssituationen von Kindern beziehen. Diese Projektdarstellungen sind jedoch so umfangreich und komplex geworden, dass Praktiker/innen viel Zeit zur Lesen der Texte benötigten und sie durch die Unmenge von Vorschlägen verleitet wurden, das jeweilige Projekt einfach zu wiederholen. Dadurch ging aber die für den Situationsansatz typische Orientierung an den Bedürfnissen und am Selbstbestimmungsrecht der Kinder, am Diskurs mit anderen und an der offenen Planung verloren. Außerdem wurde der Situationsansatz ab den 1980er Jahren zunehmend verwässert: Viele Praktiker/innen reagierten nur noch kurzzeitig auf sich ergebende Lebenssituationen von Kindern. Diese wurden nicht mehr aufwändig analysiert und zu längerfristigen Projekten ausgeweitet.

Auch in der *Reggio-Pädagogik* spielt die Projektmethode eine große Rolle: Mit ihrer Hilfe sollen das Selbst- und Weltverständnis der Kinder sowie ihre alltagsbezogenen Fertigkeiten erweitert werden. Da Kinder als Gestalter ihrer Entwicklung und als Konstrukteure ihrer Kenntnisse angesehen werden, sollen sie auch bei Projekten einen ganz aktiven Part haben. „Insgesamt vereinigen sich in Projekten der reggianischen oder reggio-orientierten Einrichtungen immer wieder aufs Neue folgende Aktivitätsformen:

- sinnliche Wahrnehmung,
- exploratives, erkundend-experimentelles Handeln,
- Deuten von Beobachtungen,
- Nachdenken über Wirkungszusammenhänge,

- Aktivieren von Emotionen,

- Aktualisieren von Erinnerungen an ähnliche Situationen,

- Vernetzen von Wahrnehmungen und inneren Bildern,

- Kommunikation über Beobachtungen, Handlungen, Hypothesen und Gefühle,

- Darstellen der persönlich bedeutungsvollen Gegenstände und Handlungen sowie der ausgelösten Assoziationen und Phantasien mittels verschiedener Ausdrucksmittel,

- Gestalten oder Verändern von Gegenständen als Träger des neu gewonnenen Wissens und der Vorstellungen der Kinder von ihnen persönlich wichtigen Ideen, Personen und Gegenständen.

Diese Handlungselemente lassen sich nicht in eine bestimmte projekttypische Abfolge bringen, wie sie im schulischen Kontext häufig praktiziert wird (...). Die *Prozess-Struktur* reggianischer Projekte lebt vielmehr von der variierenden Wiederholung der Momente Wahrnehmung – Reflektion – Aktion – Kommunikation" (Knauf 2003).

In der Reggio-Pädagogik werden Projekte zumeist von einer Kleingruppe durchgeführt, da sich bei drei bis fünf Kindern am häufigsten ein gemeinsames Interesse an einem bestimmten Thema findet. Bei längeren Projekten können immer wieder Kinder „aussteigen" oder andere dazu kommen – je nach Interessenslage.

„Durch gegenständliche oder verbale Impulse (Fragen, Schilderung eigener Erlebnisse, mitgebrachte Bilder) können Erzieherinnen dem Interessen- und Handlungsspektrum der Kinder neue Akzente vermitteln. Ausgangsbasis für solche Impulse sind die Beobachtungen und die darauf basierenden (täglichen) Kurzprotokolle über die Aktivitäten der in Projekte eingebundenen Kinder. Die Protokolle einschließlich knapper schriftlicher Interpretationen werden regelmäßig im Team diskutiert. Ziel des Austauschs der Kolleginnen ist die Verständigung darüber, welche Materialien, Räume, Orte und Impulse die Kinder für die Stabilisierung und Weiterentwicklung ihres Projektes brauchen könnten. Dabei bleibt das Prinzip der freien Wahl der Kinder unberührt" (Knauf 2003).

Die Erzieher/innen sind somit in erster Linie „Projektbegleiter/innen", die sich von dem Interesse der Kinder leiten lassen, bereichernde Impulse und Ressourcen zur Verfügung stellen, auf offene Fragen eingehen und sich immer wieder von den Kindern informieren lassen, was diese denken, wollen und tun. „Zugleich sprechen die Erzieherinnen die Eltern an und versuchen, sie zu ermutigen, sich in die Aktivitäten ihrer Kinder einzubringen, indem sie sich beispielsweise um Gegenstände oder Bücher kümmern, die für das Projektthema förderlich sind" (Knauf 2003).

„Ein zentrales Element der reggianischen Projektpraxis ist die sinnlich-gegenständliche *Dokumentation* der Handlungsprozesse durch großflächige Wanddokumentationen (,sprechende Wände') und/ oder vervielfältigbare Heftdokumentationen. Bestandteile der Dokumentationen sind gegenständliche Kinderarbeiten, Kinderäußerungen, Fotos oder auch Videos, die den Aktionsprozess darstellen, Überschriften und kurze Kommentierungen. Die Erzieherinnen sind für Materialauswahl und Gestaltung der Dokumentationen verantwortlich. Vielfach werden die Kinder aber an der Dokumentationserstellung beteiligt ... Die Dokumentation stellt die Entwicklung der Vorstellungen, Entdeckungen und Erkenntnisse der Kinder dar. Insbesondere wenn sie parallel zum Projektverlauf erstellt wird, verleiht sie dem Prozess Struktur; sie vermittelt den Kindern Wertschätzung, Rückmeldung, Anlässe zum sich Erinnern und Material zur selektiven Imitation. Auch für die Erzieherinnen und Eltern stellen die Projektdokumentationen eine wichtige Informationsquelle über das Denken, Fühlen, Können der Kinder und deren Entwicklung dar" (Knauf 2003).

Offensichtlich ist, dass die Begleitung von Projekten, die nur von drei bis fünf Kindern durchgeführt werden, mit dem in der Reggio-Pädagogik vorgesehenen Arbeitsaufwand wohl kaum unter den in Deutschland üblichen Rahmenbedingungen (z.B. Personalschlüssel, Gruppengröße) möglich sein dürfte.

31

1.4 Vorbereitung von Projekten

Wie wir in den vorausgegangenen Kapiteln gesehen haben, ist Projektarbeit unter den heute gegebenen Lebensbedingungen von (Klein-) Kindern sehr wichtig geworden. Sie entspricht Erziehungszielen und pädagogischen Prinzipien, die in den letzten zwei, drei Jahrhunderten von weltbekannten Pädagogen entwickelt wurden und heute von noch größerer Bedeutung als damals sind – denen aber die praktische Arbeit in Bildungseinrichtungen (insbesondere Schulen) noch lange nicht gerecht wird.

Wenn Sie an das vorletzte Kapitel zurückdenken, so ist Ihnen beim Lesen sicherlich bewusst geworden, dass Projektarbeit Erzieher/innen viele Fähigkeiten abverlangt und sehr arbeitsintensiv ist. Lebensnähe, Erkundung der Umgebung zusammen mit den Kindern, Erforschung der Heimatgeschichte, Kontaktaufnahme mit vielen anderen Menschen, Mitbestimmung der Kinder (und der Eltern), entdeckendes Lernen, Handlungs- und Erfahrungsorientierung sind pädagogische Prinzipien, die in der Aus- und Fortbildung nur am Rande gestreift wurden und über deren Umsetzung in der praktischen Arbeit nur im Ausnahmefall gesprochen wurde. Ziele wie Selbsttätigkeit, Kindorientierung oder ganzheitliche Entwicklungsförderung sind Erzieher/innen sicherlich vertrauter, werden aber überwiegend im pädagogischen Schutzraum der Einrichtungen zu realisieren versucht und können dann oft nur teilweise erreicht werden.

Obwohl Projekte aufgrund ihrer pädagogischen Bedeutung zentrale Bestandteile der praktischen Arbeit in Kindertagesstätten sein sollten, schrecken viele Erzieher/innen vor ihnen zurück, da sie sich nicht entsprechend qualifiziert fühlen, die auf sie zukommende Arbeit nicht richtig abschätzen können und oft auch Angst vor bestimmten Aktivitäten haben. Falls Sie bisher keine Projekte durchgeführt haben, steigen Sie jetzt ein! Nutzen Sie die Projektarbeit, um die vorgenannten pädagogischen Prinzipien und Ziele in Ihrer Einrichtung lebendig werden zu lassen! Auch hier gilt: „Übung macht den Meister." Fangen Sie klein an, mit „Mini-Projekten". Verknüpfen Sie dann kleine Projekte zu Projektreihen, die unter einer bestimmten Thematik stehen. Mit zunehmender Erfahrung können Sie dann größere Projekte in Angriff nehmen. Viele Projektideen finden Sie im zweiten Teil dieses Buches.

Und es gilt der Grundsatz: Sie müssen nicht Spezialist/in für das jeweilige Projekt sein! Für jeden Erwachsenen gilt das Prinzip des *lebenslangen Lernens*. Somit können Sie den Ihnen anvertrauten Kindern sowie deren Eltern und anderen Erwachsenen mit gutem Gewissen als Lernende/r gegenübertreten. Sie müssen nicht jede Frage beantworten können, sollten sie aber als Herausforderung begreifen, mit den Kindern im Rahmen des Projektes auf die Suche nach einer Antwort zu gehen. Begleiten Sie die Kinder auf ihrer Erkundungs- und Forschungsreise durch die Wirklichkeit, die Natur, die Erwachsenenwelt als Mit-Lernende!

Wie bei jeder Entdeckungsreise gehört auch eine gewisse Portion Offenheit, Improvisation und Risikobereitschaft dazu. Sie können und müssen nicht alles vorausplanen; Vieles ergibt sich erst im Verlauf des Projekts. Wichtig ist aber, dass Sie dessen Verlauf mit seinen immanenten Möglichkeiten und Chancen einigermaßen überblicken und auftretende Schwierigkeiten rechtzeitig erkennen.

Der „idealtypische" Ablauf eines Projektes wird in folgender Abbildung und auf den folgenden Seiten dieses und des nächsten Kapitels verdeutlicht. So soll Ihnen ein „Leitfaden" für die Vorbereitung und Durchführung von Projekten in die Hand gegeben werden. Beim Lesen der Praxisbeispiele im zweiten Teil des Buches werden Sie aber merken, dass sich die meisten Projekte ungeplanter entwickeln, aber durchaus erfolgreich verlaufen.

Verlauf eines Projekts

Projektinitiative:
1. sich aus einer Situation ergebend
2. spontane Idee von Kindern oder anderen Personen
3. ausgearbeiteter Vorschlag der Erzieher/innen

Entscheidung der Gruppe über das Weiterverfolgen der Initiative

Projektskizze/-plan

Vorbereitung des Projekts

Durchführung des Projekts (mit Reflexionsphasen)

Präsentation der Ergebnisse

Auswertung des Projekts

Generell kann ein Projekt auf dreierlei Weise zustande kommen:

1. Manche Projekte entstehen spontan aufgrund eines besonderen Erlebnisses und entwickeln sich scheinbar von selbst weiter. Eine bewusste, detaillierte Projektplanung erfolgt nicht. Hopf (1988) berichtet folgendes Beispiel: Die Erzieherinnen und die Kinder machen einen Spaziergang durch den Park. Sie kommen mit zwei älteren Damen ins Gespräch und laden sie zu einem späteren Termin in den Kindergarten ein. Während des Besuchs revanchieren sich die Damen mit einer Einladung der Kinder in das Altenheim, in dem sie wohnen. Im Verlauf der Zeit werden die Kontakte zwischen dem Kindergarten und dem Stift weiter ausgebaut: Es entsteht ein Gesprächskreis, an dem auch Eltern und der Pfarrer teilnehmen. Auf dem Gelände der Kindertagesstätte werden Gartenbeete von Senioren, Kindern, Erzieherinnen und dem Gärtner des Altenheims angelegt. Viele Spiel- und Bastelnachmittage finden gemeinsam mit den alten Menschen statt. Aus dem Kontakt mit dem Gärtner entsteht ein Projekt zur Neugestaltung des Kindergartengrundstücks, das von Kindern, Erzieherinnen und vielen Eltern durchgeführt wird. Es wird eine Grillecke angelegt, die auch von Nachbarn genutzt wird. Auf diese Weise entstehen neue Kontakte.

2. Andere Projekte entwickeln sich aus einer Idee, einem Betätigungswunsch oder einem spontanen Vorschlag der Kinder, Erzieher/innen, Eltern oder anderer Personen. Die Projektinitiative ist anfangs recht vage, aber zündend. Ihr Potential wird eher empfunden als „erdacht"; Fantasien werden freigesetzt. Die Idee kann z.B. in einem Bild oder einer Collage festgehalten werden. Dieses Werk wird im Gruppenraum aufgehängt. In den nächsten Tagen wird dann deutlich werden, ob die Projektinitiative trägt und weiterentwickelt wird. Dies ist wahrscheinlicher, wenn sie den Bedürfnissen und Interessen der Kinder entspricht. Insbesondere wenn die Kinder noch nicht an Projektarbeit gewöhnt sind, muss die Motivation von den Erzieher/innen geweckt und aufrechterhalten werden.

3. Wiederum andere Projekte werden von den Erzieher/innen absichtlich initiiert. In diesen Fällen können sie eigene Interessen, Talente, Hobbys und Betätigungswünsche einbringen. Sie haben die

Thematik in der Regel schon im Team besprochen und Ideen dazu gesammelt. Oft haben sie das Projekt in das Jahresprogramm oder den Wochenplan eingebaut. Wichtig ist, dass sich die Auswahl der Thematik an den Interessen der Kinder orientiert und regionale Besonderheiten beachtet. Auch sollte sichergestellt werden, dass die Kinder im Rahmen des Projekts mit möglichst vielen Situationen konfrontiert werden, in denen sie ihre Umwelt erkunden, Erfahrungen sammeln und ihre Kompetenzen erweitern können.

Es empfiehlt sich, diesen dritten Weg einzuschlagen, wenn Projektarbeit für die Kinder (und die Fachkräfte) neu ist und sie somit noch der Anleitung und Hilfestellung bedürfen. Mit zunehmender Erfahrung werden die Kinder häufiger selbst Vorschläge einbringen und sich aktiv an der Projektplanung beteiligen.

Von wem auch immer die Projektinitiative kommt – sie sollte auf jeden Fall in der Gruppe ausführlich diskutiert werden. Die Ideen der Kinder und Erwachsenen werden in Zeichnungen und Skizzen festgehalten. Gemeinsam werden die Bilder zu einer *Mindmap* geordnet, die alle (bisher erkannten) Aspekte des Projektthemas verdeutlicht. Alle Kinder sollten die Möglichkeit haben, ihre Meinungen, Wünsche und Bedürfnisse zu äußern. Sie müssen die nötigen Informationen und natürlich auch die Gelegenheit haben, sich bewusst für oder gegen das Weiterverfolgen des Projektvorschlags zu entscheiden. Im Sinne des pädagogischen Prinzips der Mitbestimmung und Demokratisierung sollten die Erzieher/innen die Entscheidung der Kinder akzeptieren.

Das gleiche Prinzip verlangt auch, dass sich nach einer Abstimmung die Minderheit der Mehrheit anschließt. Es besteht aber noch die Möglichkeit, dass die „unterlegene" Minderheit ein Alternativprojekt verfolgt oder die Tage in der Kindertagesstätte auf übliche Weise verbringt.

In einer offen arbeitenden Kita können sich Kinder immer wieder in unterschiedlichen Konstellationen zu mehr oder weniger lang dauernden Projekten zusammenfinden. Die Projektgruppen sollten von ihrer Zusammensetzung her aber möglichst konstant bleiben, damit nicht immer wieder neue Mitglieder den Projektverlauf durcheinander bringen. Bei geschlossenen Gruppen können gelegentlich gruppenübergreifende Projekte durchgeführt werden, insbesondere wenn es in jeder Gruppe nur einige wenige Kinder gibt, die sich für das jeweilige Thema interessieren.

Hat die Gruppe die Durchführung eines Projekts beschlossen, kann als Nächstes eine *Projektskizze* oder ein detaillierter *Projektplan* erstellt werden – Letzteres ist aber nur sinnvoll, wenn Kinder bereits älter sind und schreiben bzw. lesen können. Erzieher/innen und Kinder besprechen gemeinsam,

- welche Ziele verfolgt werden sollen,
- was unternommen und getan werden soll,
- an welchen Orten sich das Projekt abspielen soll,
- was alles für die Realisierung benötigt wird (Materialien, Dienstleistungen Dritter, Geld usw.)
- wer welche Aufgaben übernehmen soll,
- in welchen Arbeitsschritten vorgegangen werden soll (organisatorischer Ablauf) und
- was das Ergebnis des Projekts sein soll.

Die zunächst in einem Brainstorming gesammelten Ideen werden dann geordnet. Als Leitfrage kann dienen: „Was wird wann und wo wie getan?" Eine Wandzeitung mit selbst gemalten Bildern, Symbolen, Skizzen oder – bei Hortkindern – Texten kann den Projektplan mit der Zeitleiste und den vorgesehenen Aktivitäten wiedergeben. Bei längeren Projekten wird der Plan im Verlauf der Zeit immer wieder besprochen und eventuell verändert.

Manchmal ist es sinnvoll, zur Vorbereitung von Projekten Arbeitsgruppen zu gründen, die bestimmte Aufgaben übernehmen oder noch offene Fragen klären. So müssen insbesondere bei größeren Projekten Geräte und Materialien besorgt, Bücher und Filme ermittelt sowie Zuschüsse oder Genehmigungen erbeten werden. Die Vorbereitungsgruppen können Erzieher/innen, (ältere) Kinder und Eltern umfassen, aber auch nur Teammitglieder (Aufgabenteilung).

Häufig bietet es sich an, bereits in dieser Phase des Projektverlaufs Eltern oder andere Erwachsene hinzuzuziehen. Sie können als Fachleute zu bestimmten Themen befragt oder gebeten werden, ihr Fachwissen oder besondere Fertigkeiten im Verlauf des Projekts den Kindern zur Verfügung zu stellen. Sie können Kontakte zu Behörden, Unternehmen, kulturellen Einrichtungen oder Vereinen vermitteln. Eltern werden oft als Begleitpersonen benötigt oder müssen den Transport von Kindern übernehmen (eine Insassen-Versicherung sollte gegeben sein). Auch können sie benötigte Gegenstände und Materialien häufig kostenlos oder preiswerter besorgen bzw. für kurze Zeit ausleihen.

Abschließend soll noch darauf hingewiesen werden, dass schon in diesem Planungsprozess erzieherisch wirksame Prozesse von großer Bedeutung ablaufen. So lernen Kinder, persönliche Bedürfnisse, Interessen und Wünsche auszudrücken, entsprechende Äußerungen anderer Kinder zu verstehen und bei unterschiedlichen Positionen Kompromisse zu finden. Wenn die Erzieher/innen sie ermuntern, offen über ihre Gedanken und Gefühle zu sprechen, und sie ernst nehmen, geben sie ein gutes Beispiel. Oft können sie auch bestimmte Umgangsformen oder Gesprächsregeln einführen („Es darf immer nur ein Kind sprechen." – „Alle sollen zu Wort kommen." – „Wir stimmen zum Schluss ab.").

Treten Konflikte auf, hat deren Lösung Vorrang. Gudjons (1994, S. 109) ergänzt: „Hilfen zur Konfliktlösung liegen vor allem im Beachten (und im nicht-wertenden Akzeptieren) des gefühlsmäßigen Hintergrundes von Äußerungen, im Einüben von ‚Ich-Botschaften‘ (Gordon), im Abklären von nicht geäußerten Hintergrund-Bedürfnissen (Was möchte ich eigentlich?), im Suchen von Lösungen, bei denen keiner verliert." Schon im Planungsprozess können Kinder somit Konflikt- und Problemlösungstechniken lernen. Sie entwickeln Empathie, kommunikative Fertigkeiten und Durchsetzungskraft.

1.5 Durchführung und Auswertung

Wurde die Planungsphase (vorläufig) abgeschlossen, kann mit der Durchführung des Projekts begonnen werden. Die Kinder besuchen verschiedene Orte und Einrichtungen, diskutieren mit den dort angetroffenen Menschen, reflektieren ihre Erfahrungen in der Gruppe, stellen Beobachtungen bildlich, plastisch oder im Rollenspiel dar. Körperliche und geistige Aktivitäten, Gruppen- und Einzelarbeit, Kooperation und Selbsttätigkeit wechseln einander ab. Alle Sinne der Kinder sind gefragt, alle Entwicklungsbereiche werden gefördert.

Ferner ist es sinnvoll, wenn Kinder und Erzieher/innen den Projektverlauf immer wieder dokumentieren – durch Bilder, Zeichnungen, Fotos, Bastelarbeiten, gesammelte Objekte usw. Die *Dokumentation* wächst mit dem Projekt und verdeutlicht die erzielten Lernergebnisse (auch gegenüber den Eltern). Sie sollte sowohl für Kinder als auch Erwachsene verständlich sein.

Insbesondere bei länger laufenden Projekten ist es wichtig, dass während ihrer Durchführung immer wieder *Reflexionsphasen* eingeschoben werden. Oft reichen hierfür mehrere Minuten aus. Erzieher/innen, Kinder und andere Beteiligte ermitteln den gegenwärtigen Stand des Projekts und vergleichen den bisherigen Verlauf – auch anhand der Dokumentation – mit der Planung. Dann besprechen sie den nächsten Schritt. Häufig werden in diesen Momenten des Verweilens und Nachdenkens auch neue Ideen geäußert und Vorschläge gemacht, die zu einer Veränderung des Projektplans führen. So kann das Projekt ausgedehnt oder in eine andere Richtung gelenkt werden, können bisher nicht vorgesehene Aktivitäten geplant werden. Gerade bei Projekten mit kleineren Kindern werden Erzieher/innen immer wieder feststellen, dass sie deren Wünsche und Bedürfnisse nicht richtig eingeschätzt haben, dass plötzlich ganz andere Tätigkeiten als vorgesehen gewünscht werden oder dass – im Extremfall – das Interesse am Projekt erloschen ist und es abgebrochen werden sollte.

Reflexionsphasen schützen also vor Orientierungslosigkeit und erlauben es, den Projektverlauf an neue Gegebenheiten anzupassen. Sie dienen aber auch darüber hinaus der Überprüfung des Verhältnisses der Kinder untereinander, der Beziehung zu anderen Projektbeteiligten und der Qualität der Zusammenarbeit in der Gruppe. Die Kinder und die Erwachsenen können über ihre Befindlichkeiten und Gefühle sprechen. Spannungen und Konflikte werden deutlich, können besprochen und (auf-) gelöst werden. Schließlich können die Lernerfahrungen der Kinder, die Qualität ihrer Zusammenarbeit, ihr Verhalten gegenüber außen stehenden Gesprächspartnern u. Ä. reflektiert werden.

In diesen Reflexionsphasen sollten die Kinder auch darüber nachdenken, was sie bis dahin gelernt haben. So werden sie angehalten, über das Lernen, das Denkens und den Wissenserwerb nachzudenken.

1. Auf der einen Seite wird ihnen bewusst, *was* sie gelernt haben – und dass ist oft etwas anderes, als sie geglaubt haben, gelernt zu haben (z.B. wenn sich Kleinkinder mit der Uhr befasst haben, antworten sie auf eine entsprechende Frage oft, dass sie nun eine Uhr malen oder ablesen können. Erst aufgrund von Nachfragen erkennen sie, dass sie auch einen Begriff bzw. ein Verständnis von „Zeit" gewonnen haben. Zugleich gelangen sie von einem Begriff des *Lernens als Tun* zu dem erweiterten Konzept des *Lernens als Wissenserwerb*). Die Kinder erinnern sich, wiederholen das Gelernte und speichern es besser im Gedächtnis ab. Auf diese Weise wird der Lernerfolg gesichert.

2. Auf der anderen Seite wird den Kleinkindern durch die Frage „Was habt ihr nun gelernt?" der *Prozess des Lernens* bewusst gemacht. Es wird mit ihnen z.B. über ihre Gedanken, falsche Vorannahmen und den Weg gesprochen, wie sie zu der „richtigen" Erkenntnis gekommen sind (z.B. durch genaues Beobachten, Experimentieren, Gespräche mit Exper-

ten). So wird ihnen deutlich, *wie* man denkt bzw. lernt und auf welche Strategien man dabei zurückgreifen kann (Erwerb von lernmethodischer Kompetenz).

Wichtig ist aber auch, dass die Erzieher/innen Lernerfolge herausstellen und die Kinder häufig positiv verstärken (Lob), da sie auf diese Weise motiviert bleiben und Selbstbewusstsein entwickelt.

Während manche Projekte einfach auslaufen (das Kindergartenjahr ist zu Ende; die Kinder haben die gewünschten Kenntnisse und Fertigkeiten erworben; das Interesse an dem Vorhaben ist verloren gegangen), enden andere mit der *Präsentation* ihrer Ergebnisse. Dies ist besonders dann der Fall, wenn im Verlauf des Projekts „vorzeigbare" Produkte wie Bilder, Plastiken, Collagen, Plakate, Modelle, Sammlungen oder Pflanzensortimente entstanden, wenn die Kinder eine Aufführung vorbereitet haben oder neu erworbene Fertigkeiten (z.B. Zubereitung ausländischer Gerichte, Backen nach mittelalterlichen Rezepten) zeigen wollen. Aber auch wenn der Projektverlauf in Fotos, Dias oder Videoaufnahmen festgehalten wurde, ist eine besondere Abschlussveranstaltung möglich. So können Projekte mit Ausstellungen, Filmvorführungen, Theaterstücken, Konzerten, Festen oder einem gemeinsamen Mahl beendet werden.

Manchmal ist es möglich, die Öffentlichkeitswirksamkeit eines Projekts zu vergrößern, indem Zeitungsreporter zu der Abschlussveranstaltung eingeladen oder Berichte (mit Fotos) an die örtliche Zeitung geschickt werden. Im Einzelfall kann auch eine Ausstellung im Gemeindehaus, in der Stadtsparkasse oder in einem anderen öffentlich zugänglichen Gebäude organisiert werden. Durch derartige Veranstaltungen erhalten die Kinder das Lob und die Anerkennung, die sie sich durch die Projektarbeit verdient haben.

Den endgültigen Abschluss bildet schließlich die *Auswertung* des Projekts, die möglichst zusammen mit den Kindern und den anderen Projektbeteiligten erfolgen sollte. Gemeinsam wird der gesamte Projektverlauf reflektiert. In der Rückschau vergleichen die Teilnehmer/innen Projektinitiative und Projektskizze mit dem Schlussstand. Dabei beurteilen sie die Qualität der Vorplanung, der Vorbereitung, der Zusammenarbeit in der Gruppe, der gegebenen Rahmenbedingungen und der Endprodukte. Schließlich werden Konsequenzen für zukünftige Projekte erarbeitet.

Bitte machen Sie sich und anderen Erwachsenen – insbesondere den Eltern – immer wieder deutlich, dass bei Projekten der Prozess viel wichtiger ist als die vorzeigbaren Ergebnisse. In ihrem Verlauf haben die Kinder viele Möglichkeiten zum Lernen gehabt und genutzt. Im Gegensatz zur Schule ist es aber in Kindertageseinrichtungen nicht möglich, die erworbenen Kenntnisse, Einsichten und Fertigkeiten durch schriftliche, mündliche oder praktische Prüfungen zu erfassen. Außerdem entziehen sich viele der durch Projektarbeit angezielten Kompetenzen und Eigenschaften einer Überprüfung – denken Sie nur an soziales Lernen, Sensibilität, Kooperationsbereitschaft, Kritikfähigkeit, Kommunikationsfertigkeiten, „Lernen des Lernens", Kreativität und Persönlichkeitsbildung.

1.6 Rechtsfragen

Bei vielen Erzieher/innen ist eine große Unsicherheit in Rechtsfragen festzustellen. Juristische Kenntnisse, die in der Ausbildung erworben werden mussten, sind schnell vergessen, da zunächst deren Bedeutung nicht erkannt wurde. Fortbildungsveranstaltungen zu Rechtsfragen oder Möglichkeiten zur Konsultation von Juristen werden nur selten angeboten. Durch falsche Informationen, übertriebene bzw. rechtlich nicht haltbare Forderungen von Aufsichtsbehörden, Fachberatern oder Gesundheitsämtern und „Horrorbeispiele" wird die somit gegebene Unsicherheit in Rechtsfragen noch verstärkt. Haben Sie das Gefühl, sich bereits mit einem Fuß im Gefängnis zu befinden, wenn Sie mit Ihrer Gruppe das Gelände der Kindertageseinrichtung verlassen? Haben Sie Angst, Ihren Kindern könnte z.B. beim Besuch einer Werkstatt etwas zustoßen?

In diesem Kapitel soll auf der Grundlage der Bücher von Hundmeyer (1994) und Sahliger (1994) sowie des allgemeiner angelegten Buches von Münder (1990) nur auf *die Aufsichtspflicht und deren Delegation an Dritte* eingegangen werden – soweit dies für die Projektarbeit relevant ist.

Generell gilt nach Hundmeyer (1994, S. 24): „Einem Erzieher kann nicht begründet der Vorwurf der Aufsichtspflichtverletzung gemacht werden, falls er sich über die persönliche Verfassung des Kindes und über die sonstigen Umstände, die für die Aufsichtsführung Bedeutung haben, informiert, das Kind in einer seinem Alter und seiner Entwicklung gemäßen Weise auf mögliche Gefahren aufmerksam macht, es vor falschem Verhalten warnt und sich vergewissert, dass das Kind seine Warnungen und Ermahnungen verstanden hat und befolgt. Schließlich muss er das Kind in einer Weise überwachen, wie dies einem verständigen Aufsichtspflichtigen unter Abwägung pädagogischer Zielsetzungen und Risiken für das Kind und andere vernünftigerweise zugemutet werden kann. Notfalls muss er zum Schutz des Kindes oder anderer auch eingreifen." Dies bedeutet für Projekte, bei denen das Gelände der Kindertageseinrichtung verlassen wird:

1. Die Erzieher/innen müssen die ihnen anvertrauten Kinder, deren Entwicklungsstand und Eigenheiten kennen – zwischen Drei- und Sechsjährigen können hier Welten liegen. Nur dann können sie abschätzen, wie sich das jeweilige Kind außerhalb der Kindertagesstätte höchstwahrscheinlich verhalten wird. Kinder; die sehr unreif sind, immer wieder Verbote übertreten und sich an Belehrungen nicht halten, müssen bei den Außenaktivitäten besonders überwacht werden (z.B. können Begleitpersonen gebeten werden, diese Kinder immer an die Hand zu nehmen).

2. Die Erzieher/innen müssen spezielle Risiken, die durch die im Projekt gegebenen Umstände eintreten können, erkunden und ausreichend berücksichtigen. Das bedeutet beispielsweise, dass sie ihnen bisher unbekannte Wege, die sie mit der Kindergruppe zurücklegen wollen, vorher abgehen oder abfahren sollten. Dann wissen sie, an welchen Stellen (z.B. gefährliche Kreuzungen, unbeschrank-

ter Bahnübergang, kaum gesicherter Abhang neben dem Fußweg, reißender Fluss) sie besondere Vorsichtsmaßnahmen treffen oder lieber einen Umweg in Kauf nehmen sollten. Aber auch die jeweilige Aktivität spielt eine Rolle: Will die Gruppe zu einem Freibad oder Badesee gehen, muss die Erzieherin wissen, ob und wie gut jedes Kind schwimmen kann. Soll auf einem Abenteuerspielplatz, im Garten oder Werkraum mit Hammer, Nägeln, Säge oder Hobel gearbeitet werden, muss sie sich darüber im Klaren sein, welchem Kind sie welches Werkzeug anvertrauen kann und wie dieses damit gefahrlos umgehen kann. Oder wenn eine Schnitzeljagd im Wald erfolgen soll, muss sie ein Waldstück aussuchen, in dem sich Kinder nicht verlaufen können.

3. Die Erzieher/innen müssen vor der jeweiligen (Außen-) Aktivität Verhaltensregeln aufstellen, die altersgemäß, klar und einprägsam sein sollten. Auch müssen sie die Kinder auf mögliche Gefahren hinweisen. Wichtig ist, dass sie sich vergewissern, dass die Kinder die Verbote und Hinweise verstanden haben. Will die Erzieherin beispielsweise mit der Gruppe den Stadtteil erkunden, muss sie mit den Kindern relevante Regeln des Straßenverkehrs besprechen und ihnen erklären, wie sie sich in der bzw. als Gruppe verhalten sollen. Ist eine Busfahrt geplant, sollten die Kinder wissen, dass sie nicht auf dem Gang des Busses herumlaufen oder den Busfahrer ablenken dürfen.

4. Während der (Außen-) Aktivität müssen die Erzieher/innen die Kinder auf eine Weise beaufsichtigen, die deren Alter, Reife und Verhaltenstendenzen sowie der jeweiligen Situation entspricht. So sollte die Gruppe immer überschaubar sein. Das bedeutet beispielsweise, dass bei Ausflügen, Spaziergängen oder Wanderungen eine Fachkraft am Anfang der Gruppe (gibt Tempo vor) und eine am Ende gehen sollte (hat alle Kinder im Blickfeld, verhindert Auseinanderziehen der Gruppe), dass sie auf ein Einhalten der Straßenverkehrsordnung oder anderer Verhaltensregeln achten und in neuartigen Situationen weitere Ge- oder Verbote aussprechen (wollen die Kinder z.B. unter Naturschutz stehende Blumen pflücken, muss die Erzieherin dies verbieten).

5. Schließlich müssen Erzieher/innen aktiv eingreifen, wenn Kinder gefährdet sind oder andere gefährden.

Generell gilt also, dass der Umfang der Aufsichtspflicht von Alter und Reife der Kinder sowie Art und Gefährlichkeit der (Außen-) Aktivität abhängt. Es macht einen Unterschied, ob sich Kinder im Straßenverkehr, auf freiem Gelände, auf Spielplätzen oder in vertrauter Umgebung bewegen. Auch ist es ein Teil der Erziehung zur Selbständigkeit und Eigenverantwortung, dass Kinder lernen, mit Risiken und Gefahren umzugehen (sofern sie dazu fähig sind). Es können nie alle Risikomomente kontrolliert werden – entscheidend ist, was die Erzieher/innen nach vernünftigen Anforderungen unternehmen müssen, um eine Schädigung der Kinder oder Dritter durch die Kinder zu verhindern.

Bei Projekten – insbesondere wenn Außenaktivitäten eine Rolle spielen – ist es sinnvoll, Eltern und andere Erwachsene einzubinden. Die Erzieher/innen können die Aufsichtsführung an sie delegieren, sofern dies von den Erziehungsberechtigten nicht ausdrücklich ausgeschlossen wurde. Auch müssen die Fachkräfte den Überblick behalten, darf das Wesen der Kindertagesbetreuung nicht grundsätzlich verändert werden. Besonders wichtig ist, dass die betreffenden Personen sorgfältig ausgewählt und für die Aufsichtsführung von ihren körperlichen und geistigen Fähigkeiten her geeignet sind. So sollten sie gewissenhaft und zuverlässig sein, genügend Lebenserfahrung besitzen, möglichst die Kinder kennen und deren Verhalten einschätzen können sowie zur Zusammenarbeit mit den Erzieher/innen bereit sein. Sie müssen sorgfältig angeleitet, also über die Besonderheiten der Kinder informiert und auf mögliche Gefahrenmomente hingewiesen werden, die für die Aufsichtsführung Bedeutung haben können. Auch muss ihre Tätigkeit von den Fachkräften überwacht werden.

Eine besondere Situation entsteht, wenn die Eltern ihre Kinder zu Veranstaltungen der Kindertageseinrichtung oder zu Außenaktivitäten begleiten. Dann haben sie im Zweifel die alleinige Verantwortung für ihr Kind. Erzieher/innen sollten die Eltern darauf hinweisen, sodass keine Missverständnisse möglich sind.

2. Praxis der Projektarbeit

In den nun folgenden acht Kapiteln finden Sie viele Praxisbeispiele von Projekten, die erfolgreich mit Kindern im Kindergarten- und/oder Grundschulalter durchgeführt wurden. Bitte betrachten Sie diesen Teil des Buches als reine *Ideensammlung*: Die vorgestellten Projekte sollen und können *nicht nachgeahmt* werden, sondern Ihnen Anstöße für die eigene Projektarbeit geben, die durchaus anders ausfallen kann. Denken Sie daran, immer die Interessen, Vorschläge und Betätigungswünsche der Kinder (und ihrer Eltern), Ihre eigenen Bedürfnisse und Stärken sowie die örtlichen Gegebenheiten zu beachten!

Haben Sie noch keine Erfahrungen mit Projektarbeit gesammelt, sollten Sie mit einem kleinen, kurzzeitigen Vorhaben beginnen. Viele Einzel- und Teilprojekte auf den folgenden Seiten gehen hierfür Anregungen. Später können Sie dann Projektreihen unter einem bestimmten Motto durchführen. Wenn Sie die Überschriften der acht Kapitel lesen, so können Sie diese auch als ein denkbares Motto für ein Langzeitprojekt verstehen.

2.1 Naturerlebnisse

Während früher den weitaus meisten Kindern die Natur, jahreszeitliche Veränderungen, Bäume, Pflanzen, Tiere und Vögel vertraut waren, ist heute ihr Verhältnis zur Natur eher durch Entfremdung gekennzeichnet. Diese Abschottung von der natürlichen Umwelt kann durch Projekte aufgebrochen werden, die positive Naturerfahrungen vermitteln. So mag ein Kind Folgendes erleben (Loewenfeld 1994, S. 3): „Simon umfasst lange den Baum und tastet ihn ab. Dann ist er sich sicher: ‚Das ist mein Baum! Ich habe ihn wieder erkannt!‘ Simon hat ein Spiel im Wald gespielt. Er wurde mit geschlossenen Augen durch den Wald zu dem Baum geführt und hat ihn mit seinen Händen, mit der Nase und den Ohren erkundet. Er weiß, wie die Rinde riecht, wie sie sich anfühlt, und dass sie eine lange Narbe hat, die harzig riecht. Er hat die Blätter rauschen gehört und gefühlt, wo Äste vom Stamm abzweigen, wie sich die Blätter anfühlen und dass einige Wurzeln bemoost sind. Er wurde – immer noch blind – von seinem Baum auf Umwegen zurück zum Ausgangspunkt geführt. Dann sollte er mit offenen Augen seinen Baum unter den vielen Bäumen im Wald wieder finden. Und Simon fand ihn wieder, er hat ihn als Freund und Individuum gespürt und in der Umarmung wieder erkannt. Jetzt schaut er ihn sich neugierig an und prägt sich sein Bild ein."

Derartige Naturerfahrungen sind nicht nur neuartig und spannend, sondern wecken auch das Interesse an der Umwelt. Die Kinder stellen viele Fragen, erkunden Biotope, machen Beobachtungen, erwerben Kenntnisse, lernen hinzu. Zugleich entwickeln sie Liebe zur Natur, erkennen ihre Vielfalt und ihren Eigenwert und sehen den Menschen als Teil dieses Ganzen. Viele Aktivitäten, wie z.B. die von Simon, vermitteln wichtige Selbsterfahrungen.

Die „Entdeckungsreise durch den Wald", von der nun Carmen Wagner, Leiterin des Kindergartens St. Laurentius in Denkhof, berichtet, gibt einen guten Eindruck von den Möglichkeiten der Projektarbeit:

Den Artenreichtum und die Vielfalt des Waldes wollten wir mit unseren Kindergartenkindern erkunden, zumal es in nächster Nachbarschaft unseres eingruppigen Dorfkindergartens einige Waldgebiete gibt. Unser erster Waldspaziergang sollte den Kindern mögliche Ängste vor dem „finsteren Wald" nehmen und ihre Neugier wecken, diesen Lebensraum von Pflanzen, Tieren und Insekten zu erforschen. Bei jedem der folgenden Ausflüge konnten wir dann beobachten, wie die Entdeckungsfreude der Kinder wuchs. So fanden sie Spuren eines Tieres, eines Traktors oder eines Wanderers auf regennassem oder sumpfigem Erdboden. Sie sammelten Pflanzenteile, Steine, Zapfen und andere Naturmaterialien. Sobald ein Kind eine Neuentdeckung machte, teilte es diese der ganzen Gruppe mit.

Viele unserer Funde nahmen wir in den Kindergarten mit, um mit ihnen zu basteln oder um unsere Sammlungen zu ergänzen. So pressten und

trockneten wir Blätter und Pflanzenteile. Anhand unserer Bestimmungs-
bücher versuchten wir, ihre Bezeichnungen zu ermitteln. Viele der getrockneten Blüten und Pflanzen hängten wir in unserer Elterninformati-
onsecke auf, damit auch die Eltern ihre Biologiekenntnisse auffrischen
konnten. So kamen wir immer mehr Geheimnissen des Waldes auf die
Spur.

Während unserer Spaziergänge führten wir Gespräche z.B. darüber, dass
es Laub-, Nadel- und Mischwälder gibt, welche Tiere im Wald leben, dass
der Waldboden vielen kleinen Lebewesen Unterschlupf bietet und dass
der Wald als Sauerstoffspender, Wasserspeicher, Holzlieferant, Schatten-
spender und Erholungsort lebenswichtig ist. Wir wanderten sogar bei
Regen durch den Wald, um festzustellen, dass manche Bäume fast den
Zweck eines großen Regenschirms erfüllen.

Als wir eines Tages wieder so durch den Wald marschierten, lauschten wir
einem „frohen Tierkonzert", das in der Ferne wahrscheinlich von Gänsen
und Ziegen veranstaltet wurde. Die Kinder stimmten ein, und bald war ein
gut gelaunter Gänse-Ziegen-Kinder-Chor zu hören. Natürlich wollen wir
dann die „Quelle" der Musik ausfindig machen. So spitzten wir unsere
Ohren, um festzustellen, aus welcher Richtung die Tierlaute kamen. Wir
änderten unsere Route und schritten tatkräftig unserem neuen Ziel entgegen.

So fanden wir – nicht weit von unserem Kindergarten entfernt – ein kleines Gehöft, das ein alter Mann bewohnt. Er hieß uns herzlich willkom-
men und zeigte uns dann seine Ziegen, Gänse und Perlhühner sowie seinen Fischteich. Die Kinder durften die zahmen Tiere streicheln und füttern. Sie waren besonders begeistert von den kleinen Eiern der Perlhühner. Seit diesem Tag ist unsere „Farm" ein beliebtes Ausflugsziel.

Eines Tages lud uns der alte Mann zum Pilzsammeln ein. Die Kinder
waren von der Idee sofort begeistert, und so vereinbarten wir mit ihm
einen Termin. Ausgerüstet mit Körben und Messern „stürzten wir uns ins
Vergnügen". Der alte Mann führte uns zu einer wahren „Schwammerl-
Fundgrube", wo Rotkappen, Maronen und Steinpilze wuchsen. Wir un-
terwiesen die Kinder, wie die Pilze abgeschnitten werden müssen. Auch
verglichen wir genießbare mit giftigen Pilzen und stellten fest, durch welche Merkmale sie sich unterscheiden. Dann begannen wir mit dem Pilzsammeln – und innerhalb einer knappen Stunde wurden die Körbe bis
zum Rand gefüllt.

Im Kindergarten betrachteten, befühlten und beschnupperten wir unsere „Schätze". Dann suchten wir sie in unseren Bestimmungsbüchern und überzeugten uns nochmals von ihrer Genießbarkeit. Wir überlegten gemeinsam, was für ein Gericht wir aus den Pilzen zubereiten möchten, und einigten uns schließlich auf eine Suppe. Eine Mutter bot sich an, uns am nächsten Tag bei der Zubereitung zu helfen. Das Putzen und Kochen der Pilze sowie der Verzehr der Pilzsuppe füllte fast den ganzen folgenden Kindergartentag aus.

Das große Interesse der Kinder an der Natur bewog mich dazu, unsere Entdeckungsreise durch den Wald noch zu vertiefen. Ich nahm Kontakt mit Herrn Z. vom BUND (Bund Umwelt- und Naturschutz) auf und vereinbarte mit ihm einen Termin, an dem er nach Büchlberg kommen und einen „Wald-Spiel-Tag" anleiten sollte. Am vereinbarten Tag begleitete uns noch eine Mutter als vierte Aufsichtsperson.

Zuerst suchten wir ein kleines Waldstück aus, das besonders viele Vegetationsformen aufwies, und grenzten es mit Schnüren ab. Hier sollte unser „Wald-Spiel-Tag" stattfinden. Herr Z. erklärte uns – auf kindgemäße Weise – ein Spiel nach dem anderen, – und wir machten uns gleich daran, sie auszuprobieren. Zuerst wurden die Kinder aufgefordert, Paare zu bilden. Einem der beiden Kinder wurden dann die Augen verbunden. Sein Freund führte ihn zu irgendeinem Baum, dessen Stamm es dann betasten, befühlen und beschnuppern sollte. Anschließend wurde es zum Ausgangspunkt zurückgebracht. Die Augenbinde wurde abgenommen – ob das Kind mit offenen Augen „seinen" Baum wieder finden würde? Einigen Kindern gelang dies – zumal wenn sie von früheren Ausflügen her wussten, dass z.B. Buchen eine glatte Rinde haben und sie sich dann bei der Suche nach „ihrem Baum" auch an den Blättern orientieren konnten. Alle Kinder lernten aber, Bäume mit allen Sinnen zu erfassen, sie aufgrund ihrer Charakteristika voneinander zu unterscheiden und sie zu benennen.

Als Nächstes wurden allen Kindern die Augen verbunden. Sie mussten einander an die Schultern fassen und bildeten so eine „Riesenschlange". An ihrem Anfang und ihr Ende traten zwei Erwachsene mit unverbundenen Augen, die dann die Schlange vorsichtig durch das Waldstück führten. Die Kinder lernten, die Beschaffenheit des Waldbodens bewusst wahrzunehmen (die Empfindungen sind natürlich noch deutlicher, wenn sie zuvor die Schuhe ausgezogen haben und barfuß gehen. Das setzt aber voraus, dass der Weg der „Riesenschlange" zuvor festgelegt und nach spitzen Gegenständen abgesucht wurde). Auch erlebten die Kinder ein

Zusammengehörigkeitsgefühl und erfuhren, dass die „Schlange" auseinander bricht, wenn ein Kind die Schultern des anderen loslässt – dies alles sind wichtige Erfahrungen für ihre soziale Entwicklung.

Während die „Riesenschlange" durch den Wald stapfte, versteckte Herr Z. Fichtenzapfen, Federn von einem Bussard und einer Eule, ein Dachsgebiss, Hasen- und Rehkot. Später erzählte er uns, er habe eben diese Tiere „getroffen", sie würden uns aber nicht besuchen können. Die Kinder fragten natürlich sofort „Warum?", kamen aber selbst auf die Antwort, dass Waldtiere und Vögel Angst vor Menschen haben. Herr Z. sagte dann, dass die Tiere aber verschiedene Sachen zurückgelassen hätten, die die Kinder jetzt suchen sollten. Mit ihren durch die vielen Walderkundungen geschulten Beobachtungsfertigkeiten fiel es ihnen nicht schwer, die versteckten Gegenstände zu finden.

Wir betrachteten dann die Vogelfedern genau und suchten sie in einem mitgenommenen Bestimmungsbuch über Waldvögel. Nachdem wir sie identifiziert hatten, demonstrierte uns Herr Z. das unterschiedliche Fluggeräusch der Bussard- und der Eulenfeder. Er bewegte sie schnell hin und her und forderte die Kinder auf, genau hinzuhören. So erkannten wir, dass im Gegensatz zum Bussard die Eule ganz leise fliegt. Mit Hilfe der Erwachsenen fanden die Kinder die Erklärung hierfür: Eulen sehen schlecht und müssen sich folglich auf ihr Gehör verlassen. Wäre ihr Fluggeräusch zu laut, würden sie ihre Beutetiere nicht hören können. Diese „Entdeckungen" fördern die Beobachtungsfähigkeiten der Kinder und vermitteln ihnen auf interessante Weise Kenntnisse über die verschiedenen Waldtiere.

Anschließend wurde jedes Kind zu einem „Eichhörnchen" erklärt. Es erhielt 12 Nüsse, die es verstecken sollte. Kurz darauf wurden die Kinder aufgefordert, zunächst zwei, dann drei, dann fünf (usw.) Nüsse wieder zu finden (nicht nur eigene!). Wer die jeweilige Aufgabe nicht lösen konnte, schied aus. Hier lernten die Kinder, sich in die Situation von Eichhörnchen hineinzuversetzen, die Notwendigkeit des Anlegens von Wintervorräten zu erkennen und aus der Tatsache, dass manche versteckte Nuss nicht wieder gefunden wurde, zu schließen, dass Eichhörnchen auf diese Weise zur Verbreitung von Nussbäumen beitragen. Es wurde deutlich, dass Tiere und Pflanzen oftmals eine Lebensgemeinschaft bilden und aufeinander angewiesen sind.

Danach hatten wir noch für zwei Entdeckungen Zeit: Zunächst gingen wir mit einer Schale und einem Sieb auf die Suche nach Kleinstlebewesen. Wir gaben eine Hand voll Erde in das Sieb, in dem größere Erdbrocken liegen blieben. Kleine Krümel und Insekten fielen hingegen in die Schale. Letztere betrachteten wir zunächst mit der Lupe und anschließend unter dem Mikroskop. Die Kinder waren ganz begeistert, als sie feststellten, wie viele Kleinstlebewesen im Erdboden leben, dass diese ganz unterschiedlich aussehen und dass sie oft wunderschöne Farben tragen. Sie lernten, wie sich diese Kleinstlebewesen bewegen, und entdeckten, dass unter dem Mikroskop Einzelheiten zu erkennen sind, die man mit bloßem Auge nicht sehen kann. Wir versuchten, die Insekten nicht zu verletzen, und gaben sie nach der Untersuchung der Natur zurück. Bei dieser Aktivität entwickelten die Kinder viel Entdeckungsfreude und Lust am Forschen, aber auch Verantwortung für Kleinstlebewesen, mit denen sie ganz behutsam umgingen. Sie erlernten den Umgang mit Lupe und Mikroskop – Instrumente, die wir auch später immer wieder einsetzten, um z.B. kleine Steinchen oder Pflanzenteile zu betrachten oder ein Rasenstück zu untersuchen.

Das letzte Spiel an diesem Tag ließ uns den Wald auf ganz neue Weise erleben. Herr Z. gab jedem von uns einen Handspiegel. Wir mussten ihn waagerecht unter das Kinn halten. Dann wurden wir in der uns bereits bekannten „Schlangenformation" durch den Wald geführt – und sahen immer die Baumkronen. Das war ein wundervolles Erlebnis, wenn auch immer wieder Kinder riefen: „Hilfe, ich falle 'runter!", denn man hat das Gefühl, auf der Spitze eines Baumes zu sitzen. Wenn da einer nicht schwindelfrei ist...

Die uns begleitende Mutter schrieb in unserem Elternbrief über den „Wald-Spiel-Tag": „Dieser Ausflug hat uns viel Spaß gemacht und uns spielerisch mit allen Sinnen ein Stück Natur – unseren Wald – näher gebracht. Ich habe für mich festgestellt, dass es sich lohnt, die Kinder bei ihren Unternehmungen zu begleiten und zu beobachten. Sie reagieren sehr spontan und natürlich – es ist eine Freude, ihnen zuzuschauen. Das Kindergartenpersonal und die Kinder freuen sich über jeden Erwachsenen, der Zeit und Lust hat, sie bei ihren Unternehmungen zu begleiten!"

Bevor Sie weiter lesen, halten Sie bitte einen Moment inne und reflektieren Sie die folgenden Fragen zu dem gerade vorgestellten Projekt: Ist Ihnen aufgefallen, dass die Projektidee von der Kindergartenleiterin kam und zunächst mit einer recht groben Zielsetzung verbunden war? Wie sich das Projekt anhand neuer Situationen und Wünsche der Kinder relativ ungeplant entfaltete? Dass dennoch der „Wald-Spiel-Tag" gründlich vorbereitet war? Haben Sie gemerkt, wie die Kinder scheinbar nebenbei Kenntnisse erwarben und mit naturwissenschaftlichen Methoden – wie dem Anlegen von Sammlungen, dem Bestimmen von Objekten anhand entsprechender Bücher und dem Umgang mit Mikroskop und Lupe – vertraut wurden? Und ganz wichtig: Haken Sie einmal ab, welche der folgenden Prinzipien der Projektarbeit bzw. einer zeitgemäßen Frühpädagogik (siehe Kapitel 1.2) bei dem beschriebenen Projekt verwirklicht wurden:

- Lebensnähe
- Öffnung nach außen
- Regionalisierung
- Handlungsorientierung
- Erfahrungslernen
- Selbsttätigkeit
- entdeckendes Lernen
- exemplarisches Lernen
- Kindorientierung
- Mitbestimmung
- ganzheitliche Kompetenzförderung
- Offenheit der Methoden
- Lernen des Lernens

Sind Sie jetzt auch zu dem Ergebnis gekommen, dass alle diese Ziele auf kindgemäße Weise erreicht wurden? Auch bei den folgenden Projekten können Sie immer wieder diese Kriterienliste einsetzen...

Projekte in Wald und Flur lassen eine Vielzahl von Aktivitäten zu. Beispielsweise kann zusammen mit dem Förster eine Vogelstimmenwanderung unternommen werden. Eine Nachtwanderung (möglichst ohne die Taschenlampen anzuschalten!) vermittelt einen ganz anderen Eindruck von der Natur. Vielerorts gibt es Wald-, Moor- oder Weinlehrpfade, die – schon aufgrund der jahreszeitlich bedingten Veränderungen – am besten mehrmals abgeschritten werden. Der Besuch eines Wild- oder Vogelparks kann zum Höhepunkt eines Projekts werden. Die Kinder können Wildpflanzen, Kräuter oder Beeren sammeln und daraus Salat, Tee bzw. einen Nachtisch zubereiten. Verschiedene Apfelsorten von an Feldwegen stehenden Bäumen können gesammelt, betrachtet, verkostet und miteinander sowie mit Äpfeln aus dem Geschäft verglichen werden. Mit vielen in Wald und Flur gefundenen Naturmaterialien kann gebastelt oder eine Collage gemacht werden.

In einer Zeit rasanter Umweltzerstörung und -verschmutzung sollte auch das ökologische Lernen nicht zu kurz kommen. So können wir Kinder bei Ausflügen auf Waldschäden aufmerksam machen und mit ihnen über deren Ursachen sprechen. Wir können einen Spaziergang mit älteren Kindern unter das Motto stellen: „Welche Umweltsünden bemerkt ihr?" Auf diese Weise kann Betroffenheit erreicht und Interesse am Umweltschutz geweckt werden.

Mit Kindern im Hortalter kann auch ein ökologisch ausgerichtetes Projekt wie das am Lanzenreuter Weiher durchgeführt werden (Koranda 1984): Ein Kind erzählte, dass im zwei Kilometer entfernten Teich viele Fische, Frösche, Kröten und Muscheln sterben müssten. Im Frühjahr sei aufgrund eines defekten Wehrs das meiste Wasser abgelaufen. Nur eine große seichte Lache sei zurückgeblieben. Da sich der Weiher nur in der Zeit der Schneeschmelze fülle, könnte kein frisches Wasser gestaut werden. Wir beschlossen eine Rettungsaktion für die Frösche und Kröten, die Doris so erlebte (a.a.O., S. 12): „Am Mittwoch mussten wir Joghurtbecher und Gummistiefel mitbringen. Dann sind wir einen Brennnesselweg entlanggelaufen. Wo wir am Lanzenreuter Weiher angekommen sind, haben wir besprochen, was wir arbeiten. Herr Koranda hat gesagt, wir sollen unsere Joghurtbecher auspacken. Wir haben kleine Frösche in den Becher eingefangen und auf der anderen Seite in einen Bach getan. Nachdem wir ein paar Mal die kleinen Frösche gefangen und auf die andere Seite getan hatten, haben wir Flaschen und Limonadendosen gesammelt. Die Flaschen waren zum Teil an Steinen angehauen und zersplittert."

Aufwändigere Projekte können z.B. aus der Übernahme der „Patenschaft" für ein Waldstück, eine Hecke oder einen (ungefährlichen) Bach resultieren. Die Gruppe sammelt regelmäßig den dort anfallenden Müll ein, beseitigt die Spuren von Traktoren und Autos, hängt (selbst oder zusammen mit Eltern gebastelte) Nistkästen auf, füttert im Winter die Vögel – und macht so eine Menge Naturbeobachtungen und -erfahrungen. Bestehen diese Möglichkeiten nicht (wie beispielsweise bei vielen Kindertageseinrichtungen in Städten), so kann mancherorts im Außengelände ein Biotop angelegt werden – ein Stück Wiese, wo das Gras nur noch zweimal im Jahr gemäht wird, ein flacher Teich, ein Steingarten oder eine Trockenmauer. Je nach Arbeitsaufwand können auch Eltern in das Projekt eingebunden werden. Später wird dann beobachtet, welche Pflanzen, Blumen und Insekten sich in dem Biotop ansiedeln. Altbekannte Wege, Naturerfahrungen zu vermitteln, sind Keimversuche (Sojasprossen, gekeimte Kichererbsen, Kresse usw. können später als Salat zubereitet werden), das Treiben von Zwiebeln, das Messen und Malen der Entfaltung der Knospen an Barbarazweigen usw.

Zu unserer natürlichen Umwelt gehören nicht nur Bäume, Pflanzen und Tiere, sondern auch Sand, Lehm, Steine und Mineralien. Sylvia Maria Fenzl, Leiterin des Kindergartens St. Marien in Egglfing, berichtet:

Unmittelbar neben der Pfarrkirche befindet sich der Gemischtwarenladen der Familie Schmelz. Herr A. Schmelz, der Großvater eines unserer Kindergartenkinder, ist ein passionierter Sammler von Steinen und Mineralien. Als wir im Rahmenplan die pädagogische Einheit „Schätze dieser Welt" aufgenommen hatten, war es somit selbstverständlich, dass wir ihn aufsuchten, um seine „Schatzkammer" kennen zu lernen.

In einem Ausstellungsraum konnten wir eine Vielzahl farbenprächtiger Gesteine, Mineralien und versteinerter Fossilien bewundern – Funde aus der ganzen Welt und der nahen Umgehung. Besonders beeindruckt waren die Kinder von den Saurier-, Krokodil- und Haifischzähnen, die Herr Schmelz zusammen mit anschaulichem Bildmaterial präsentierte. Die Kinder hatten viele, viele Fragen, die alle beantwortet werden konnten.

Reich beschenkt mit Haifischzähnen, kleinen Edelsteinen und „Regenbogensteinen" kehrten wir in den Kindergarten zurück, wo diese neuen Schätze in unserem „Forschungsbereich" – neben den dort bereits vorhandenen Naturmaterialien wie Muscheln, Schneckenhäusern, Kieselsteinen oder Federn – einen angemessenen Platz fanden. Hier können die Kinder die gesammelten Objekte mit Lupen betrachten und sie mit Spiegel und Taschenlampe von verschiedenen Seiten beleuchten, was z.B. bei den „Regenbogensteinen" und den ebenfalls vorhandenen Hologrammen zu tollen Effekten führt. Reich bebilderte Lexika laden zum Durchblättern ein – was immer wieder zu Fragen an die Erzieherinnen führt.

Auch Phänomene aus dem Bereich der Meteorologie lassen sich in Projekten erforschen. So berichteten Katz und Chard (1989) von einem Projekt „Wetter":

Zunächst wurde im Stuhlkreis über die Erfahrungen der Kinder diskutiert: Es wurde besprochen, wie sich Sonnenschein, Regen, Schnee und Wind auf der Haut anfühlen und welche Geräusche ein Sturm oder ein starker Regenschauer machen. Die Kinder beschrieben ihre Gefühle beim ersten Schnee in einem Jahr oder als sie einen Regenbogen sahen. In den folgenden Tagen wurden Bilder über Wetterphänomene gemalt, relevante Geschichten vorgelesen und entsprechende Lieder, Reime und Bauernregeln gelernt. Naturwissenschaftliche Bildung erfolgte vor allem durch folgende Aktivitäten:

- Neben ein großes Außenthermometer wurden verschiedenfarbige Papierstreifen geklebt, wobei jeweils ein Streifen 5 Grad entsprach. Morgens, mittags und abends dokumentierten die Kinder anhand der Streifen die Temperatur im Außengelände und in verschiedenen Räumen des Kindergartens. So lernten sie nicht nur das Thermometer kennen, sondern gewannen auch eine Vorstellung von „Temperatur" und von „Grad" als die hier verwendete Maßeinheit.

Ferner wurde darüber diskutiert, was die Temperaturschwankungen im Verlauf eines Tages bzw. mehrerer Tage bedingt.

- Analog dazu wurde der Wind mit einem Windrad (Geschwindigkeit) und einer Wetterfahne (Richtung) gemessen.

- Der Niederschlag wurde in einem Messbecher aufgefangen, sodass die Wassermenge jeden Tag erfasst werden konnte. Die Umrisse von Regenpfützen wurden mit Kreide nachgezogen. Dann wurde regelmäßig nachgeschaut, um wie viel kleiner sie geworden sind. So wurde die Verdunstung des Wassers verdeutlicht.

- Ganz unterschiedliche Materialien wurden auf Wasserdurchlässigkeit geprüft.

- Es wurde getestet, wie schnell Eiswürfel schmelzen, wenn sie aus verschiedenen bzw. gefärbten Flüssigkeiten sind oder wenn sie in Papier, Stoff, Folie usw. eingewickelt werden.

Ferner wurde mit den Kindern darüber gesprochen, wie sich Tiere an die verschiedenen Witterungsverhältnisse anpassen (z.B. Winterschlaf, Geburt der Jungen im Frühjahr), dass es auf der Erde unterschiedliche Klimazonen gibt (von der Polarregion bis zu den Tropen), welche Tiere und Pflanzen in der jeweiligen Region vorherrschen und wie die Menschen dort leben. Es wurden Drachen und Papierflieger gebastelt und bei verschieden starkem Wind ausprobiert. Geschichten über (Wirbel-) Stürme und die von ihnen verursachten Schäden wurden erzählt und diskutiert.

Selbstverständlich können sich Projekte auch auf weit entfernte natürliche Systeme beziehen. So wurde z.B. an einem Kindergarten das Projekt „Sternenhimmel" durchgeführt. Ausgehend von einem Gespräch der Kinder über die Gestirne erfolgte ein Besuch in einem Planetarium. Anschließend wurde ein Raum des Kindergartens als Himmelszelt ausgestaltet. Die Kinder malten Sternbilder, bastelten gemeinsam eine Raumkapsel und einen Satelliten und spielten „Mondlandung". Eltern stellten Teleskope und Bücher über Sterne zur Verfügung. Höhepunkte des Projekts bildeten ein „Sternenfest" und die Übernachtung der Kinder im Kindergarten, wofür eine klare Nacht ausgesucht wurde, sodass die Gestirne mit bloßem Auge und mit den Teleskopen betrachtet werden konnten.

2.2 Landwirtschaft und Gartenbau

Viele Kinder haben heute keine Vorstellung mehr davon, wie z.B. Kartoffeln wachsen oder wo die Milch herkommt. Deshalb sind Besuche auf Bauernhöfen beliebt und gehören zum „Standard-Programm" vieler Kindertageseinrichtungen. Oft bietet es sich an, diese Besuche in ein größeres Projekt einzubetten. So können vor dem Ausflug relevante Bilder- und Sachbücher besprochen, Formen der Landwirtschaft wie Acker-, Gemüse-, Garten-, Obst- und Weinbau sowie Viehzucht erklärt, Vollerwerbs-, Zuerwerbs- und Nebenerwerbsbetriebe unterschieden und die Bedeutung der Landwirtschaft für den Menschen diskutiert werden. Vor dem Besuch auf einem Bauernhof sollten die Erzieher/innen vorab bestimmte Verhaltensregeln (z.B. für den Umgang mit Tieren) mit den Kindern gemeinsam erarbeiten.

Während es bei Kindergärten in (Groß-) Stadtgebieten oft bei einem Ausflug – der gründlich nachbereitet werden sollte – bleiben muss, können entdeckungsfreudige Kindergartengruppen auf dem Land und in Stadtrandgebieten ganz unterschiedliche Arten von Gehöften erkunden. Sie können sie sogar mehrmals aufsuchen, sodass die Kinder einen Eindruck davon gewinnen, wie die jeweilige Jahreszeit das Leben auf dem Hof – das der Menschen wie auch der Nutzpflanzen und -tiere – bestimmt. Sylvia Maria Fenzl führte folgendes Projekt durch:

Im Herbst befassten wir uns in einer Rahmenplan-Einheit ausführlich mit Kartoffeln. Nachdem wir mit den Kindern über die Saat, die Pflege, das Wachstum und die Ernte von Kartoffeln gesprochen hatten, fragten wir bei Marios Großeltern an, ob wir für den Kindergarten eine „Fuhre" Kartoffeln bekommen könnten – was bejaht wurde.

Marios Großeltern und sein Onkel bewirtschaften ein kleines Anwesen in der „Schiffergasse". Die Straßenbezeichnung verweist darauf, dass hier früher viele Schiffsleute wohnten, die mit ihren Kähnen Salz auf dem Inn transportierten. Von Mario hatten wir erfahren, dass einer seiner Vorfahren sogar Kapitän auf dem Dampfschiff „Donau" gewesen war.

An einem der nächsten Tage zogen wir mit dem Leiterwagen los, um die Kartoffeln abzuholen. Wir hatten auch Geld dabei; zu unserer Freude bekamen wir die Kartoffeln jedoch geschenkt. Daraufhin luden wir Marios Großvater zum „Kartoffelschmaus" in den Kindergarten ein. In den folgenden Tagen wurden ganz unterschiedliche Gerichte gemeinsam mit den Kindern zubereitet und verspeist.

In direkter Nachbarschaft zu den Häusern der Schiffergasse liegt der „Haflinger-Hof" von Hansis Familie, den Hallhubers. Zum Bauernhof gehören Wohnhaus, Apartmenthaus sowie Stallungen und Geräteschuppen. Eine Vielzahl von Tieren lebt auf dem Hof: der Hofhund, Hühner, Enten, Gänse, Tauben, Hasen, Schafe, Zwergziegen, Rinder, Pferde und Ponys. Letztere sind zum einen Haflinger – wie der Name des Hofes schon sagt – und zum anderen die traditionsreichen Rottaler Pferde. Wir wurden von den Hallhubers zu einem Besuch eingeladen, kurz nachdem uns Hansi freudig von der Geburt eines Fohlens berichtet hatte. Wir durften die Stallungen sehen und das junge Fohlen „Cindy" streicheln, das noch etwas wackelig neben seiner Mutter, einer prächtigen Stute, stand.

Auf unserem Weg zum Sportplatz oder wenn wir die Schafe der Familie Bauer besuchen (die meisten kennen wir von Geburt an und mit Namen), können wir im Sommer die Pferde samt ihren Fohlen auf der Weide, ihrem „Sommerquartier", beobachten. Beim Sommerfest des Kindergartens und beim Schulanfängerausflug lud uns die Familie Hallhuber sogar zu einer Ortsrundfahrt mit einer von zwei Haflingern gezogenen Kutsche ein.

Drei Generationen wohnen und arbeiten auf dem Hof von Marinas Großeltern, der Familie Wenzel. Bei unserem Besuch durften wir zunächst in die Stallungen sehen. Bei den Milchkühen fiel den Kindern auf, dass über jeder Kuh an der Decke ein Schild angebracht war. Auf Nachfrage erklärte Frau Wenzel, dass hier neben dem Rufnamen auch wichtige Angaben über das jeweilige Tier festgehalten sind. Besonders lustig fanden die Kinder die gefleckten Ferkel in den Schweinestallungen, in denen viele Mutterschweine mit ihrem Nachwuchs lebten. Von stattlicher Größe war der Eber, den wir aus sicherer Entfernung betrachteten.

In der Scheune befanden sich Heu und Stroh sowie die Maschinen, die zur Bewirtschaftung der Wiesen und Felder eingesetzt werden, und in einem großen Schuppen war der Mähdrescher eingestellt. Für die Kinder wurde es besonders interessant, als Herr Wenzel dieses imposante Fahrzeug aus dem Schuppen fuhr, damit sie es aus der Nähe bestaunen konnten. Schließlich gab es noch eine hausgemachte Brotzeit für alle, und Herr Wenzel erzählte anhand von alten Bildern, wie früher auf dem Hof und auf den Feldern die Arbeit verrichtet wurde.

Einer, der ganz genau über die Vorgänge, Arbeiten und Geräte in der Landwirtschaft Bescheid weiß, ist Christian. Das Anwesen seiner Eltern und Großeltern liegt in der „Wies", einem Weiler, zwei Kilometer östlich vom Ortsrand Egglfings. Zum Anwesen gehören ein Gehege mit Damwild und ein Fischweiher im Auwald. Außerdem gibt es einen Hund, eine Katze, Enten, Hühner und drei Schweine. Jedes Jahr im Frühjahr gibt es kleine Ferkel auf dem Hof. Christian hält uns über das Gedeihen der Tiere stets auf dem Laufenden.

Ende Juli war es dann soweit: Von Christians Eltern eingeladen, machten wir uns mit den Schulanfängern auf den Weg zur „Wies". Am Damwildgehege machten die Kinder zunächst die Bekanntschaft von „Hansi", dem Leithirschen. Weiter ging es dann durch den Auwald, vorbei an alten Bäumen, zum Weiher, wo wir bei der Fütterung eine große Anzahl von Fischen im Wasser aufblitzen sahen. Nach der Rückkehr auf den Hof streichelten die Kinder noch die Schafe, und dann durften sie in den Stall zu den Schweinen. Stolz präsentierte Christian „sein" Schwein. Die Schulanfänger amüsierten sich köstlich über die kleinen „Kunststücke", die Christian ihm beigebracht hatte. Danach stärkten wir uns. Unter anderem gab es Krapfen, die von Christians Oma selbst gemacht worden waren. Anschließend ging es mit einer lustigen Fahrt zurück zum Kindergarten, wo die Kinder noch eine „Abenteuernacht" verbrachten.

Zur Nachbereitung derartiger Ausflüge sind Gespräche über das Füttern und die Pflege der Tiere, die Arbeitsweise moderner Landmaschinen sowie die Weiterverarbeitung landwirtschaftlicher Produkte sinnvoll. Gemeinsam können beispielsweise Butter, Dickmilch, Joghurt oder Kefir hergestellt werden. Auch können die Kinder ihre Beobachtungen und Erlebnisse in Bildern festhalten oder Rollenspielen zugrunde legen. Sie können einen Bauernhof basteln und mit Holztieren ausstatten.

Von einem anderen interessanten Projekt, bei dem Kinder den Anbau und die Verwertung von Erdbeeren kennen lernten, berichtet Carmen Wagner:

Der Kindergarten, in dem ich mein erstes Berufsjahr absolvierte, befindet sich am Rande der Stadt Passau. Bedingt durch die ruhige Umgebung – einerseits Wohngebiet mit wenig Verkehr, andererseits Wald und Grünflächen – bot es sich immer wieder an, mit den Kindern spazieren zu gehen. Bei einem unserer Ausflüge stießen wir auf eine Erdbeerplantage, auf der die ersten Erdbeeren reif waren und selbst gepflückt werden konnten. Das war etwas für uns! So besprachen wir nach unserer Rückkehr im Stuhlkreis, welche Ausrüstung wir für die Ernteaktion brauchen und welche Verhaltensregeln in einer Erdbeerplantage zu beachten sind. Schnell fanden sich einige Eltern, die uns als Aufsichtspersonen begleiten wollten.

Am nächsten Tag machten wir uns zusammen mit drei Müttern und ausgestattet mit Eimern, Körben und Sonnenschutz auf den Weg. Unterwegs wurde ganz gespannt über unsere Aktion geplaudert. Auf der Erdbeerplantage wurde uns dann ein bestimmtes Gebiet zugewiesen. Es war eine Freude, den Kindern bei der Ernte zuzusehen – zumal sie sich an die vereinbarten Regeln hielten: Sie verließen das zugewiesene Gelände nicht, pflückten die Früchte mit Stiel und ernteten mehr als sie naschten. Nachdem an der Kasse unsere nun bis zum Rand gefüllten Körbe gewogen worden waren und wir gezahlt hatten, brachten wir voller Stolz unsere „Schätze" in den Kindergarten. Ein Teil der Erdbeeren wurde gewaschen, von den Stängeln befreit und gleich gegessen.

Am nächsten Tag überlegten wir, was wir aus den übrigen Früchten zubereiten könnten. Nachdem wir uns auf Erdbeereis geeinigt hatten, durchblätterten wir unsere Kochbücher nach einem passenden Rezept und stießen dabei auf Folgendes:

200 g Erdbeeren mit der Gabel zerdrücken, dann mit 50 g Honig und Zimt vermischen. Dies ergibt die Erdbeersauce.

300 g Erdbeeren pürieren.

4 Eigelb mit 100 g Honig und 2 EL warmem Wasser 5 bis 7 Minuten aufschlagen, bis die Masse dicklich und weiß ist.

Das Erdbeerpüree und 600 g Sahnejoghurt unterrühren.

1/4 l Sahne steif schlagen und unterrühren.

Die Eismasse entweder im Eisbereiter cremig rühren und dann in Portionsförmchen umfüllen oder sie 2 Stunden in einer Schüssel vorgefrieren, ab und zu mit dem Pürierstab hindurchgehen, dann fest werden lassen.

61

*Vor dem Servieren 1/2 Stunde in den Kühlschrank stellen. Mit der Erd-
beersauce anrichten.*

Wir erstellten einen „Einkaufszettel", indem die Kinder die benötigten
Zutaten auf ein Blatt Papier malten. Mit einigen Kindern ging ich dann zu
dem in der Nähe des Kindergartens gelegenen Krämerladen. Die Kinder
„lasen" von ihrem „Einkaufszettel" ab und packten die gewünschten Lebensmittel in den Einkaufswagen. So lernten sie, kleinere Einkäufe fast
selbständig zu erledigen.

Nach der Rückkehr bereiteten wir alles für die Zubereitung des Erdbeer-
eises vor. Die Kinder, die helfen wollten, wuschen sich die Hände und
zogen Schürzen an. Ich las den Kindern das Rezept Schritt für Schritt vor;
wir wogen die Zutaten ab und folgten den Anweisungen des Rezepts.
Dabei lernten die Kinder Küchengeräte wie Waage, Messbecher und
Rührgerät kennen und zu benutzen.

Als das Eis fertig war, schlemmten wir selbst einen Teil und stellten fest,
dass noch eine Menge übrig blieb. Da hatte ein Kind die Idee, das Eis an
die Eltern zu verkaufen. So planten wir für den kommenden Tag einen
„Eismarkt", übten das Verkaufen und den Umgang mit Geld. Auch kauften wir noch Eiswaffeln ein. Am nächsten Tag wurde im Garten ein Eis-
stand errichtet und ausgestattet. Zur Abholzeit durften die Kinder abwechselnd Eis verkaufen, d.h., immer zwei füllten die Eiswaffeln und zwei
kassierten. Von dem erwirtschafteten Geld kauften wir ein neues Spiel,
das sich die Kinder selbst aus einem Katalog aussuchten.

Den vollständigsten und umfassendsten Einblick in den Anbau von
Gemüse, Salatpflanzen, Zierblumen und Beerensträuchern sowie
die damit verbundenen Tätigkeiten wie Säen, Pikieren, Unkraut jä-
ten, Gießen, Düngen, Beschneiden und Ernten gewinnen Kinder
natürlich, wenn sie selbst auf dem Außengelände der Kindertageseinrichtung „gärtnern" können. Lebensnähe, Selbsttätigkeit, Erfahrungslernen, Bildung von „Kopf, Herz und Hand" – all diese pädagogischen Prinzipien können so auf Dauer realisiert werden.

Haben Sie noch nie Gartenbeete angelegt? Dann versuchen Sie,
Ihre Gruppe für diese Idee zu begeistern! Fehlen Ihnen die nötigen
Kenntnisse und praktischen Erfahrungen? Dann können Sie nicht
nur auf viele geeignete Bücher zurückgreifen, sondern bestimmt

auch auf die tatkräftige Hilfe von Eltern und Nachbarn. Meinen Sie, dass das Außengelände zu klein sei? Für ein einzelnes Hügelbeet finden Sie sicherlich noch Platz! Das Anlegen eines Hügelbeets ist zwar recht arbeitsaufwändig, aber Sie können hier auf einer kleinen Fläche viele verschiedene Pflanzen züchten und innerhalb kürzester Zeit ernten.

In die Umgestaltung des Außengeländes können von Anfang an Kinder und Eltern eingebunden werden. So kann gemeinsam besprochen werden, wo Gartenbeete angelegt und Obstbäume oder Beerensträucher gepflanzt werden sollen. Anhand der Kataloge von Baumschulen und Samenhandlungen wird diskutiert, welche Nutzpflanzen und Blumen gewünscht werden, ob sie sich für die Gegend eignen, wie viel Platz sie einnehmen werden usw. Manchmal ist es sinnvoll, Packpapier in der gleichen Größe wie die geplanten oder bereits angelegten Beete auszuschneiden, die vorgesehenen Pflanzen in realistischer Größe zu malen und dann auf dem „Papier-Beet" anzuordnen. So bekommen die Kinder einen Eindruck vom Platzbedarf der Gewächse. Auch können sie verschiedene Arrangements ausprobieren.

Beim Anlegen der Beete sind Eltern – eine gute Chance zur Einbindung von Vätern – und Nachbarn gefragt. Der Erdboden wird tief umgegraben und gelockert. Oft müssen Steine, Wurzeln oder Quecken aufgesammelt werden; manchmal muss Mutterboden angefahren werden. Auf jeden Fall sollte Kompost und (organischer) Dünger in den Boden eingebracht werden. Auch das Anlegen der Wege mag die Hilfe anderer Erwachsener nötig machen, insbesondere wenn sie „Taststraßen" für nackte Füße werden sollen. Dann müssen Pflastersteine, Holzscheiben, Natursteinplatten, Sand, Kies und andere Materialien verlegt werden. Es macht Kindern aber auch Spaß, eine Schlange zu bilden und die Wege nur fest zu trampeln. Da zu einem Blumen- und Nutzgarten ein Komposthaufen gehört, können Väter und Mütter den benötigten Kasten aus Brettern zimmern. Hier werden in Zukunft auch Küchenabfälle und Obstreste „landen". Vielleicht stiften die Eltern noch Gartenbänke zum Ausruhen und Beobachten.

Alle übrigen Arbeiten können von der Gruppe selbst erledigt werden: Die Beete werden geharkt, bestellte, in Gärtnereien oder auf dem Wochenmarkt gekaufte und geschenkte Pflanzen, Sträucher und Bäumchen gepflanzt, Samen in Reihen ausgesät. Manche Blumen, Gemüse- und Salatpflanzen müssen vorgezogen werden, was z.B. auf der Fensterbank im Gruppenraum oder im Frühbeet von Eltern oder Nachbarn geschehen kann. Beim Pflanzen und Säen erlernen die Kinder gleich den richtigen Umgang mit den Gartengeräten. So erfahren sie z.b., wie man Harken oder Rechen richtig ablegt (mit den Zinken nach unten), sodass sich keiner verletzen kann.

In den folgenden Monaten werden die Kinder mit großem Interesse das Aufgehen der Saat und das Wachstum der Pflanzen verfolgen. Sie werden Insekten und vielleicht auch andere Tiere wie Mäuse entdecken. Sie werden sich darum reißen, die Gewächse gießen zu dürfen. Auch muss Unkraut identifiziert und gejätet werden. Die Kinder lernen die Namen der Nutz- und Unkrautpflanzen sowie die Bezeichnungen ihrer Bestandteile. Sie stellen fest, dass alle Pflanzen Wurzeln, Blätter und Früchte haben – ob dies auch für Bäume gilt? Alle erfreuen sich im Sommer an der Blütenpracht. Bald können auch Salat, Gemüse, Kartoffeln und Beeren geerntet, zubereitet und verzehrt werden. Das Erntedankfest gewinnt neue Bedeutung und kann in einem Kindergartengottesdienst besonders gefeiert werden – mit selbst gezogenem Gemüse vor dem Altar.

Ein dreigruppiger Großstadtkindergarten ging noch einen Schritt weiter und führte neben dem Nutz- und Obstgarten die Geflügelzucht ein (Schmitz 1990, S. 41): „Nun kam eines Tages von Kindern und Eltern der Wunsch, dass auch Tiere zu unserer ,Landwirtschaft' gehören würden. Nachdem wir das Gesundheitsamt danach befragt hatten, entschieden wir uns für Hühner. Eine stille Ecke unseres Hofes, die noch ganz ungenutzt war, schien geeignet. Mit der Hilfe einiger Eltern wurde ein Stall gebaut und eine Einzäunung hergerichtet. Die ersten fünf guten Legehühner und ein Hahn wurden uns geschenkt. Inzwischen haben wir jedes Jahr im Frühling neue Küken bekommen. Die Kinder können dabei alle Vorgänge genau beobachten. Es ist eine Menge von Einzelbeobachtungen, bis die Küken endlich schlüpfen. Auch das Wissen darum, dass die alten Hühner irgendwann geschlachtet werden, ist selbstverständlich. In unserem Kindergarten gehört das Versorgen der Tiere – inzwischen sind auch noch zwei Gänse dazugekommen – das Füttern, das Eierholen, das Stallsaubermachen wie das Spielen zum Tagesablauf."

Es ist offensichtlich, dass die Kinder auf diese Weise viele neue lebensnahe Lernerfahrungen machen und biologische Vorgänge nun wirklich verstehen. Sie lernen, sinnvolle praktische Tätigkeiten auszuführen und Verantwortung zu übernehmen. Es bietet sich an, abwechselnd drei oder vier Kindern für mehrere Tage die Aufgabe des Versorgens der Hühner und des Einsammelns der Eier zu übertragen (die Betreuung muss aber auch an den Wochenenden und in den Ferien gesichert sein). Die Gruppe kann dann entscheiden, ob die Eier in der Kindertagesstätte verbraucht oder an Eltern verkauft werden sollen. Eine andere Einrichtung schaffte sogar einen Brutkasten an, sodass auch immer die Alternative des Ausbrütens der Eier offen stand. Hier lernten die Kinder, dass die Eier Wärme und eine bestimmte Luftfeuchtigkeit benötigen sowie regelmäßig umgedreht werden müssen. Außerdem konnten sie die Küken beim Schlüpfen beobachten.

2.3 Erkundung der Gemeinde

Neben Natur und Landwirtschaft ist der Wohnort ein zentraler Bereich der Lebenswelt. Kinder finden in ihrer Stadt bzw. in ihrem Dorf Gebäude, Straßen, Plätze, Geschäfte, Gaststätten, Betriebe, Werkstätten, Fabriken, Behörden, Kultureinrichtungen, Kirchen, Denkmäler, Vereine und Freizeitstätten vor, werden hier mit unterschiedlichen Menschen, Altersgruppen, Berufen, Lebensstilen und Tätigkeiten konfrontiert. Aufgrund seiner Vielschichtigkeit und Komplexität können Kinder diesen Teil ihrer Wirklichkeit nur sehr schwer sinnstiftend erschließen und in ihm heimisch werden. Oft bleibt es bei bruchstückhaften, unzusammenhängenden Erfahrungen.

Durch ein längerfristiges Projekt „Erkundung der Gemeinde" können Erzieher/innen einen wichtigen Beitrag dazu liefern, dass Kinder die Alltagswelt vor den Türen der Kindertageseinrichtung, die Wohnumgebung, die Stadt bzw. das Dorf kennen lernen. Fragen wie die folgenden wecken schnell die Neugier, das Interesse und die Abenteuerlust der Kinder: Welche Menschen leben in unserer Nachbarschaft? Was für Berufe üben sie aus? Was machen die Leute im Rathaus, bei der Post, bei der Polizei oder der Feuerwehr? Wollen wir einmal den Pfarrer besuchen?

Schon diese Fragen machen deutlich, dass es bei Erkundungsgängen nicht nur um Besichtigungen geht, sondern auch um die Kontaktaufnahme mit anderen Menschen. Die Kinder lernen, ihnen fremde Personen anzusprechen und zu befragen. Soziale und kommunikative Fertigkeiten, Selbständigkeit und Selbstvertrauen werden somit neben Wahrnehmungs- und Denkfähigkeiten sowie dem Erwerb von Kenntnissen gefördert (allseitige Entwicklung).

Es ist sinnvoll, bei der Erkundung der Gemeinde mit dem unmittelbaren Wohnumfeld der Kindertageseinrichtung zu beginnen. Neben „ziellosen" Spaziergängen – eine durchaus akzeptable Möglichkeit – bietet sich als Alternative an, zu den Wohnungen der Kinder zu gehen. Ein Kind nach dem anderen übernimmt die Führung der Gruppe und zeigt ihr den Weg zu „seinem" Haus. Dann können die verschiedenen Wohnsituationen miteinander verglichen werden: Alt- und Neubauten, Ein-, Zwei-, Mehrfamilien- und Hochhäuser, Arten der Fassadengestaltung, Geschosshöhen, Dachformen, Außenflächen (Gärten, Innenhöfe, Spielplätze von Wohnanlagen) und die dort gegebenen Spielmöglichkeiten.

Dabei muss beachtet werden, dass die Wohnsituation von Kindern aus sozial schwachen Familien nicht abqualifiziert wird. Bestehen hingegen nur geringe soziale Unterschiede zwischen den Familien, so kann mit den Eltern auch die Besichtigung ihrer Wohnungen vereinbart werden, sodass die Kinder auch verschiedene Möglichkeiten der Raumaufteilung und Möblierung kennen lernen.

Eine weitere Alternative ist, Spaziergänge im Wohnumfeld der Kindertageseinrichtung unter ein bestimmtes Thema zu stellen: Wo kann man (was) einkaufen? Welche Betriebe, öffentlichen Einrichtungen, Brücken, Brunnen, Sehenswürdigkeiten usw. gibt es in der Nachbarschaft? Wie viel unterschiedliche Dachformen haben die Häuser in der Ludwigstraße? In welchem Vorgarten blühen die meisten Blumensorten? Wo ist die gefährlichste Kreuzung im Ortsteil? Was für Spielmöglichkeiten für Kinder unseres Alters gibt es? Sind die Menschen mit ihrem Ortsteil zufrieden? Zur Beantwortung der letztgenannten Frage können die Kinder beispielsweise Passanten ansprechen und sich erkundigen, ob diese in der Nähe wohnen, wie es ihnen dort gefällt, ob sie genügend Freizeitangebote vorfinden usw.

Nach der Erkundung der unmittelbaren Umgebung der Kindertageseinrichtung können Ausflüge in die Innenstadt, zu anderen interessanten Ortsteilen (z.B. Villenvierteln, Industriegebieten) oder zu benachbarten Ortschaften unternommen werden. Mancherorts gibt es auch Aussichtspunkte (Hügel, Kirchtürme usw.), von wo aus die Gruppe ihren Wohnort aus der „Vogelperspektive" betrachten kann. Da bei all diesen Spaziergängen die Verkehrsregeln zu beachten sind, führen sie praktisch nebenbei auch zur Verkehrserziehung.

Die Wohnhäuser der Kinder, markante Gebäude in unmittelbarer Nachbarschaft der Kindertageseinrichtung oder in anderen Ortsteilen sowie Sehenswürdigkeiten können mit dem Fotoapparat oder in Kinderzeichnungen festgehalten werden. Auch kann die Gruppe bei ihren Spaziergängen Postkarten von historischen Bauten kaufen oder im Fremdenverkehrsamt Prospekte erbitten. Dann kann sie auf einem großen Bogen Papier (z.B. Packpapier) beispielsweise einen Straßenplan für ihren Ortsteil erstellen und in ihn die Bilder bzw. Fotos von ihren Wohnhäusern und markanten Bauwerken einkleben. Gebäude, Gärten usw. können auch aufgemalt werden. Bei älteren Kindern kann der Stadtteilplan zu einem Stadtteilspiel ausgestaltet werden (z.B. in Anlehnung an das Spiel „Monopoly").

Eine weitere Alternative ist, an einer Wand einen (gekauften) Stadtplan oder – noch besser – eine Luftbildaufnahme zu befestigen. Dann können nach der Rückkehr von Erkundungsgängen die mitgebrachten Postkarten oder die aus den Prospekten ausgeschnittenen Bilder von den besuchten Sehenswürdigkeiten an der entsprechenden Stelle aufgeklebt werden. Natürlich können der Ortsteil oder die Innenstadt auch plastisch dargestellt werden – entweder mit Hilfe von Baukästen oder mit aus Pappschachteln gebastelten und bemalten Gebäuden. Bildbände über die Stadt (aus der Bücherei) können ergänzend eingesetzt werden.

Erkundungsgänge können auch einzelne Bauwerke oder Institutionen zum Ziel haben. Insbesondere bei Kindertageseinrichtungen, die dem Caritasverband oder dem Diakonischen Werk angeschlossen sind, bietet es sich an, mit der Pfarrkirche zu beginnen. Claudia Matheisl, Leiterin des Kindergartens St. Nikola in Passau, berichtet:

In unmittelbarer Nachbarschaft unseres Kindergartens liegt die Pfarrkirche St. Nikola. Wir besuchen sie regelmäßig, sodass die Kinder die unterschiedliche Gestaltung des Innenraums im Verlauf des Kirchenjahrs erleben. Auch betrachten wir die Deckengemälde, den Altar und die Heiligenstatuen, sprechen über die Bedeutung des Taufbeckens und beten gemeinsam. Da die Kirche bei unseren Besuchen zumeist menschenleer ist, sind wir jetzt beim Fastengottesdienst gewesen. So hatten die Kindergartenkinder die Möglichkeit, unsere Kirche als einen Ort kennen zu lernen, an dem sich die Gemeindemitglieder, ältere und jüngere Menschen, versammeln, um zu Gott zu beten.

Da der Kirchturm seit einiger Zeit renoviert wird, haben wir diese Gelegenheit zu einem Besuch in der Bauhütte der Steinmetze genutzt. Die Kinder erhielten Einblick in die tägliche Arbeit der Handwerker. Anhand eines Bauplans wurde der aktuelle Stand der Restaurierungsarbeiten erklärt. Besonders interessant war für die Kinder die Handhabung der verschiedenen Werkzeuge, die natürlich auch ausprobiert werden durften. Nach der Rückkehr in den Kindergarten konstruierten die Kinder unterschiedliche Turmmodelle in der Bauecke.

Die Kindertageseinrichtung kann darüber hinaus gemeinsam mit den Eltern einen Kindergartengottesdienst gestalten. Ebenso kann die Gruppe während der Woche einen Tauf- oder Traugottesdienst besuchen (natürlich nur mit Zustimmung der Betroffenen). Es bietet sich an, nach dem Besuch der Pfarrkirche andere Kirchen (verschiedener Religionsgemeinschaften oder aus unterschiedlichen Kulturepochen) zu besichtigen und miteinander zu vergleichen. Ein für Kinder immer wieder faszinierendes Ziel von Erkundungsgängen ist auch der (Dorf-) Friedhof.

Zur Pfarrgemeinde gehört aber mehr als nur die Kirche. So kann die Gruppe z.B. den Pfarrer, die Organistin, die Gemeindeschwester oder den Hausmeister aufsuchen und deren Arbeitsplatz kennen lernen. Auch kann Kontakt zu Gemeindegruppen wie dem Kirchenchor, dem Bibelkreis, der Eltern-Kind-Gruppe oder dem Frauenkreis aufgenommen werden, sodass Besuche, gemeinsame Feste oder andere Aktivitäten vereinbart werden können. Auf diese Weise erfahren die Kinder, welche Funktionen die Kirchengemeinde für ihre Mitglieder erfüllt.

Genauso wie die Pfarrei kann auch die politische Gemeinde erkundet werden. Gabi Gietinger, Leiterin des Städtischen Kindergartens in Donauwörth, beschreibt, wie sie mit ihren Kindern verschiedene Ämter besuchte:

Da wir eine kommunale Einrichtung sind, können wir den Wunsch der Kinder, Post- und Geldangelegenheiten selber zu erledigen, problemlos erfüllen. So pflegen unsere Kinder einen guten Kontakt zur Postzentrale in unserem Rathaus. Sie haben eine klare Vorstellung vom Abstempeln der Briefe sowie dem Wiegen der Päckchen. Das Kopieren unserer Elternmitteilungen und das Entgegennehmen von Telefongesprächen sind nach wie vor die interessantesten Tätigkeiten in diesem Büro.

Unser Kindergarten ist der Schul- und Sportabteilung zugeordnet. Deshalb besteht der meiste Kontakt zu diesem Büro. Sei es nun das Abholen der Hauspost oder das Kaufen der Busfahrkarten – unsere Kinder können dies schon fast allein. Seit einiger Zeit führen wir Listen, um ganz gerecht aufteilen zu können, wer an der Reihe ist.

Einen guten Kontakt pflegen wir zum Bürgermeister, zu seiner Persönlichen Referentin und zur Personalabteilung. Allerdings haben noch nicht alle Kinder den Mut, Gespräche mit diesen Personen zu führen und Fragen oder Bitten an sie heranzutragen. Jedoch kommen sie sehr gut mit den

Mitarbeitern des städtischen Bauamtes und des Bauhofes zurecht. Als vor anderthalb Jahren unser Kindergarten umgebaut wurde, erhielten die Kinder von diesen Abteilungen ein großes Mitspracherecht bei der Planung und Neugestaltung. Es geschah nichts, was nicht vorher mit ihnen durchgesprochen worden war. Seitdem ist es für die Arbeiter des städtischen Bauhofes eine Selbstverständlichkeit, in ihrer Freizeit vor dem Kindergarten einen Mai- oder einen Weihnachtsbaum aufzustellen. Ein gemütliches Beisammensein wird bei diesen Begegnungen natürlich eingeplant. Im Fasching, als Handwerker verkleidet, besuchten wir auch einmal das Bauamt sowie den Bauhof. In Liedform wurden Wünsche und Anliegen vorgetragen. Dass durch dieses Miteinander für unsere Einrichtung viele Vorteile entstehen, ist nicht nur dem Personal bewusst, sondern auch den Eltern und Kindern. Was Kinderaugen und Kinderworte alles erreichen!

Ausstellungen in den städtischen Gebäuden werden von den Kindern immer mit Begeisterung und Aufmerksamkeit betrachtet: sei es nun der Schaukasten, der die Stadt in Miniatur darstellt, oder eine Kunstausstellung. Letztere veranlasste die Kinder, eine eigene Ausstellung mit Kinderzeichnungen zu organisieren. Aus Kindermund: „Gell, wir sind bessere Künstler. Bei uns kann man jedes Bild erkennen, und die malen nur Kritzikratzi."

Bei einem Spaziergang durch die Stadt entdeckten wir zufällig ein Hinweisschild „Fremdenverkehrsamt". Wir entschlossen uns kurzfristig, dort hinzulaufen. Die Mitarbeiterin des Verkehrsamtes merkte schnell, wofür sich die Kinder am meisten interessierten. Sie machte ihre Arbeit für die Kinder durchschaubar und ging auf deren Fragen intensiv ein. Seit diesem Besuch holen die Kinder öfters Material über unsere Stadt für den Informationsstand in unserem Kindergarten. Einige Kinder freuten sich, dass sie nun Leuten, die ein Hotel suchen, sagen könnten, wo sie nachfragen müssen.

Was könnte für Kinder interessanter sein als ein Amt, das mit Hochzeit und Babys zu tun hat? Da im vergangenen Jahr eine Erzieherin unserer Einrichtung geheiratet hatte und heuer ein Baby bekam, fiel öfters das Wort „Standesamt". Ein Kind meinte: „Dürfen da Kinder auch schon hingehen?" Und so beschlossen wir, dort anzurufen. Patrick, ein sechsjähriger Junge, fragte etwas ängstlich beim Standesbeamten an. Nachdem dieser uns die Erlaubnis gab, am nächsten Tag zu kommen, war die Neugier wieder einmal sehr groß.

Zaghaft und etwas aufgeregt klopfte Marco an der Türe an. Da der Standesbeamte selbst eine Tochter von drei Jahren hatte, ging er sehr gut auf die Kinder ein, sodass unser Personal im Hintergrund bleiben konnte. Um den Kindern zu veranschaulichen, was alles in die großen Bücher eingetragen wird, wurden die Kinder nach ihrem Geburtsdatum gefragt. Dann schaute der Standesbeamte in seinen Akten nach und überraschte die Kinder damit, dass er alle Daten und Namen wusste. Alle waren erstaunt, dass sogar die Uhrzeit der Geburt aufgeschrieben war. Bei einem Kind sagte der Standesbeamte: „Da hast du aber gewartet, bis dein Papa von der Arbeit da war!", woraufhin das Kind erwiderte: „Nein, der war schon dabei."

Plötzlich klopfte jemand an die Tür. Es trat ein Mann ein, dessen Frau am Vorabend ein Kind bekommen hatte. Der Standesbeamte gratulierte und erledigte die Formalitäten. Alle Kinder drängten sich um den frisch gebackenen Vater, und dieser hatte nichts dagegen. Dies war eine Situation, die noch kein Kind erlebt hatte, und die Begeisterung der Kinder lässt sich nicht beschreiben.

Ein ebenso interessantes Erlebnis war die Besichtigung des Trauungszimmers. Dort wurde die Sitzordnung bei der Trauung unserer Kollegin nachgespielt. Die Kinder spürten die Besonderheit dieses Raumes, denn es wurde kein Stuhl verrutscht und Fingerabdrücke am Tisch wurden abgewischt. Der krönende Abschluss war das Hochzeitslied, das wir damals unserer Kollegin vorgesungen hatten.

In ausgeglichener Stimmung verabschiedeten wir uns und traten den Rückweg an. Nachdem wir ca. 100 m gegangen waren, meinten die Kinder, wir hätten dem Standesbeamten ein Geschenk mitbringen müssen, weil es so schön war. Monika überlegte: „Vielleicht freut er sich auch über einen Brief". Gleich am nächsten Morgen verfassten wir gemeinsam einen Brief.

Andere von Frau Gietinger und ihren Kolleginnen geplante Erkundungsgänge führten zu Polizei und Feuerwehr:

Da die Gebietsverkehrswacht eine gute Öffentlichkeitsarbeit bei den Kindergärten unseres Landkreises praktiziert, haben unsere Kinder kaum Angst vor der Polizei. Deshalb kamen wir dem Wunsch der Kinder nach, engeren Kontakt zu knüpfen, und luden zwei für unseren Bezirk verantwortliche Polizisten ein. Als diese mit zwei Streifenwagen angefahren kamen, suchten ein paar ängstliche Kinder Schutz beim Kindergartenpersonal. Und ein Kind fragte: „Wird bei uns jemand verhaftet?" Schnell war dann aber der Bann gebrochen, und alle lauschten den Erklärungen der Polizisten. Diese berichteten ganz offen über ihre Arbeit und stellten die Fahrzeuge vor, in die die Kinder dann einsteigen konnten und das Blaulicht betätigen durften. Aber das Interessanteste für viele Kinder waren die Pistolen der Polizisten. Für das kommende Frühjahr haben wir mit dem Polizeipräsidium vereinbart, dass wir an mehreren Tagen in Kleingruppen zur Besichtigung des ganzen Hauses kommen dürfen. Wem werden da wohl Handschellen angelegt?

Da unser Kindergarten im Stadtbereich liegt, hören wir immer wieder das Signalhorn der Feuerwehr. Außerdem erzählten Kinder, deren Väter bei der Freiwilligen Feuerwehr sind, öfter begeistert von deren Aktivitäten. Dies weckte auch bei den anderen Kindern großes Interesse, und nach mehreren Tür- und Angel-Gesprächen mit den Vätern erhielten wir einen Termin für unseren Besuch bei der Feuerwehr. Zuvor schauten die Kinder interessiert verschiedene Bücher zum Thema an und malten Bilder nach ihren eigenen Vorstellungen. In zahlreichen Gesprächen wurde immer wieder neu überlegt, was uns wohl bei unserem Besuch erwartet.

Und dann war es endlich so weit. Wir marschierten zum Feuerwehrhaus. Einige Kinder waren sogar mit Regenmantel und Gummistiefeln bekleidet, um als „Feuerwehrmänner" – oder natürlich „Feuerwehrfrauen" – mitwirken zu können. Zwei „echte" Feuerwehrmänner erwarteten uns bereits und führten die Kinder durch das Gerätehaus. Was es da alles zu sehen gab, war für die Kinder mehr als beeindruckend. Schnell fassten sie Mut, in die Feuerwehrautos zu steigen, die kleine Drehleiter hochzuklettern oder den spritzenden Feuerwehrschlauch zu halten. Sie setzten Helme auf und „verkleideten" sich als Feuerwehrmänner.

Während unseres Besuches stellten die Kinder Fragen wie: „Wo hat es in unserer Stadt schon gebrannt?" „Warum hat es dort gebrannt?" „Haben Sie das Feuer gelöscht?" „Wurde jemand dabei verletzt?" „Hat es lange gedauert, bis das Feuer gelöscht war?" „Wie werden die Feuerwehrleute bezahlt?" „Wo wohnen sie?" Die Fragen wurden sachlich und für Kinder verständlich erklärt. Noch Tage später berichteten die Eltern, dass die Kinder zu Hause immer wieder von dem Ausflug erzählen würden.

Unser zweiter und dritter Besuch bei der Feuerwehr liefen ähnlich ab. Was an diesen Tagen die Kinder am meisten begeisterte, war die Handpumpe, mit der die Kinder Wasser aus einem kleinen Schlauch pumpten. Das machte besonders viel Spaß, da es sehr heiß war und sich die Kinder deshalb gegenseitig anspritzen durften.

Da die Kinder nach all diesen Begegnungen und Kontakten ein offenes und vertrautes Verhältnis zu den Feuerwehrleuten aufgebaut hatten, war es in ihren Augen nicht schlimm, als unsere Stadt vom Hochwasser überrascht wurde. Davon blieb auch der Keller in unserem Kindergarten nicht verschont. Wir Erwachsenen waren schockiert und ratlos, die Kinder jedoch setzten auf die Hilfe und Unterstützung ihrer Feuerwehrfreunde Erwin und Martin. Und wirklich, diese schafften es, das Wasser in unserem Keller abzupumpen.

Bei dieser Begegnung wurden wir auch eingeladen, beim Montieren der Weihnachtsbeleuchtung und beim Aufstellen des großen Christbaumes vor dem Rathaus mitzuhelfen. Diese Aktion war so interessant, dass kein Kind Hunger oder Kälte spürte. Was die Kinder über die Feuerwehr bei den vielen Begegnungen der letzten Monate gelernt hatten, erzählten sie nun bereitwillig den Passanten, die an ihnen vorbeiliefen. Die netteste Aussage war sicherlich, als ein Junge einer älteren Dame erklärte: „Ich werde auch mal ein richtiger Feuerwehrmann!"

Sylvia Maria Fenzl hat mit ihren Kindern ebenfalls die Freiwillige Feuerwehr besucht. Bei dieser Gelegenheit konnten auch der alte Spritzenwagen, der noch von Pferden gezogen wurde, und die wertvollen Fahnen besichtigt werden. Eine anschließende kurze Probefahrt mit dem Feuerwehrauto machte allen Kindern großen Spaß. Bei einem Besuch von drei Feuerwehrmännern im Kindergarten wurden das richtige Verhalten im Brandfall und das Verlassen des Gebäudes geübt, und außerdem wurde über die Brandverhütung gesprochen.

Kurz vor dem Umzug in ein neues Kindergartengebäude beschäftigte sich die Gruppe von Frau Fenzl intensiv mit der Post:

In diesen Tagen bekamen wir häufiger als sonst Besuch von Herrn Domani oder von Herrn Obstmeier, Florians Onkel, der manchmal vertretungsweise kommt. Die beiden Herren sind Postzusteller. Sobald das vor dem Gebäude anhaltende Postauto zu vernehmen war, schauten die Kinder erwartungsvoll aus dem Fenster. Häufig erhielten wir Pakete – manchmal so groß und schwer, dass der Postbote sie uns freundlicherweise gleich in den Gruppenraum brachte. Wir packten sie dann gemeinsam aus. Ich berichtete den Kindern, woher das Paket kam, bevor es vorsichtig geöffnet wurde. Die Kinder durften dann die Materialien behutsam auspacken, und es wurde sogleich überprüft, ob es die gewünschten, meist von den Kindern ausgewählten Sachen für den neuen Kindergarten waren.

Im Juli befassten wir uns schließlich intensiv mit dem Thema „Post". Wir hatten Sachbücher, eine Kinderpost und viele weitere Materialien dazu besorgt. Anhand einer Bestellung, die aufgegeben werden musste, wurde den Kindern gezeigt, wie das Briefkuvert richtig mit Adresse und Absender beschriftet und mit Briefmarken frankiert wird. Wir brachten den Brief dann gemeinsam zum Postkasten. Nun wollten die Kinder darüber informiert werden, wie der weitere Weg des Briefes verlaufen würde. Es wurde daher ein Termin mit Frau Niedermeier, der Posthalterin, für einen Informationsbesuch in der Poststelle Egglfing vereinbart.

Zunächst betraten wir den Schalterraum. Frau Niedermeier begrüßte uns und erklärte uns, welche Arten von Sendungen es bei der Post gibt (Briefe, Telegramme, Pakete etc.). Auch berichtete sie über deren Beförderung. Wir erfuhren noch Wichtiges über das Telefonieren und besichtigten die Telefonzelle im Postamt. Dann durften wir den Raum hinter dem Schalter betreten. Da gerade ein Kunde kam, konnten wir beobachten, wie Frau Niedermeier Briefe entgegennahm und Erstausgaben von Briefmarken abstempelte. Nachdem der Kunde gegangen war, wandte sie sich wieder uns zu, erläuterte die Arbeiten, die sie zu verrichten hatte, und zeigte uns alles, was zur Ausstattung gehört: Briefmarken, Stempel, Paketwaage usw. Einige Kinder durften sich auf der Waage wiegen lassen, während die anderen versuchten, das Gewicht abzulesen. Bevor wir uns verabschiedeten, bekam jedes Kind noch zwei Briefmarken und Briefpapier geschenkt.

Die Posthalterin lud die Gruppe noch zu einem Besuch in ihrem Garten ein, wo sich ein schöner Seerosenteich befindet. Diese Einladung wurde gerne angenommen. Hier wird deutlich, dass sich – insbesondere in kleineren Gemeinden – aus Erkundungsgängen oft längerfristige Beziehungen zu Mitbürger/innen ergeben können. Dies ist auch dann häufig der Fall, wenn mit Musik-, Trachten-, Heimat-, Sport- oder anderen Ortsvereinen Kontakt aufgenommen wird oder wenn sich der Kindergarten an Dorffesten oder Umzügen beteiligt. Aus solchen Beziehungen resultieren neue Lernerfahrungen für die Kinder, die natürlich nicht voraus geplant werden können.

Erkundungsgänge können auch zum Wochenmarkt führen, wo gemeinsam eingekauft wird. In der Kindertageseinrichtung kann dann eine leckere Mahlzeit zubereitet werden. Ferner können Marktstände aus Pappkartons gebastelt und die „Ware" aus Knete hergestellt werden, sodass im Gruppenraum „Wochenmarkt" gespielt werden kann. Eher seltene Ziele von Erkundungsgängen sind Kläranlagen, Müllhalden oder Kompostieranlagen, obwohl sie – trotz des Gestanks – für Kinder durchaus interessant sein können. Aktivitäten wie das Sortieren von Müll in der Kindertageseinrichtung, das Anlegen eines Komposthaufens im Garten oder das Einkaufen von Lebensmitteln unter dem Gesichtspunkt der Verpackungsvermeidung können die Folge sein oder neuen Antrieb erhalten.

Besonders spannend kann ein Projekt über die Entwicklung des Menschen sein, in dessen Verlauf nacheinander eine Entbindungsstation, eine Krippe, eine Grundschule, ein Gymnasium, ein Ausbildungsbetrieb, eine Fachschule für Sozialpädagogik und eine Universität besucht werden. Überhaupt sollten sich Kindertageseinrichtungen bei der Zusammenarbeit mit Schulen nicht auf die ersten Grundschulklassen beschränken. Auch ein Besuch in einer Hauptschulklasse kann spannend und lehrreich sein, wenn der Lehrer beispielsweise ausgestopfte Vögel aus der Biologiesammlung holt und den Kindern vorstellt. Und wenn dann noch Hauptschüler und Kindergartenkinder gemeinsam Fantasievögel basteln...

2.4 Auf den Spuren der Vergangenheit

Alles, was uns umgibt, hat eine eigene Geschichte. Durch Projektarbeit können Sie Kinder mit der historischen Dimension unserer Umwelt vertraut machen – nach dem Motto „Grabe, wo du stehst" (Lindquist). Natürlich wissen Sie, dass sich Kinder im Vorschulalter Zeitspannen von 10, 100 oder 1000 Jahren nicht vorstellen können. Dennoch können sie sehr wohl verstehen, dass ihre Umwelt früher anders aussah als heute.

Wie bei Erkundungsgängen (siehe Kapitel 2.3) bietet es sich auch bei historisch orientierten Projekten an, ganz in der Nähe zu beginnen. So können Sie am leichtesten das Interesse und die Neugier der Kinder wecken. Suchen Sie einmal mit Ihrer Gruppe in der Kindertagesstätte nach Spuren, die Kinder oder Erzieher/innen hinterließen, die längst nicht mehr in Ihrer Einrichtung sind! Laden Sie Personen ein, die die Planung und den Bau des Kindergartens verfolgt haben, die ihn vor 10 oder 20 Jahren besucht haben oder die früher in ihm gearbeitet haben, und lassen Sie sie von damals erzählen! Oft finden sich noch Fotos darüber, wie die Einrichtung vor dem Umbau oder der Renovierung aussah, wie die Gruppenräume früher ausgestattet waren und wie das Außengelände vor langer Zeit gestaltet war. Wenn Ihr Kindergarten – oder das Gebäude, in dem er sich befindet – bereits 50 oder gar 150 Jahre alt ist, werden Sie und Ihre Kinder sich „ganz nebenbei" mit Wohltätigkeitsvereinen, Stiftungen, dem Deutschen Kaiserreich, den Weltkriegen und anderen historischen Themen befassen.

Vielleicht gibt es auch noch Fotos, denen entnommen werden kann, womit sich Kinder früher im Kindergarten beschäftigten. Oder Sie stoßen auf dem Dachboden, in einer Regalecke oder im Antiquariat auf ein altes Buch mit Liedern, Spielen und Aktivitäten, die vor 50 oder 100 Jahren aktuell waren. Natürlich können Sie auch auf die Gemälde von Pieter Breughel d. Ä. zurückgreifen, die Spielszenen enthalten (Reproduktionen und Bildausschnitte können preiswert auf Postkarten erworben werden). Es wird Ihren Kindern sicherlich Spaß machen, alte Spiele wie Reifentreiben oder Bockspringen auszuprobieren, mit Papier zu weben, zu sticken, im Reigen zu tanzen oder gar Fröbels Koselieder einzuüben.

Auf die Geschichte Ihrer Wohngegend stoßen Sie oft auch, wenn Sie mit Ihren Kindern über Straßenbezeichnungen sprechen. Im Evangelischen Kindergarten in Hassloch wurden damit folgende Erfahrungen gesammelt (Gunesch 1989, S. 256):

„Straßen tragen bei uns z.B. diese Namen: Forstgasse, Rennbahnstraße, Neumühlweg, Schäferwäldchen, Kaiserpfad, Schmähgasse, Saugasse. Bei den ersten drei Straßen konnten wir ihren Ursprung noch verfolgen. Die

Forstgasse führt in den nahen Forst, die Rennbahnstraße endet an der Pferderennbahn, und wenn man durch den Neumühlweg geht, gelangt man zur Neumühle.

Im Schäferwäldchen aber erinnerte nichts mehr an ein Wäldchen und an den Schäfer. Im Kaiserpfad fand sich keine Spur von einem Kaiser. In der Saugasse, in der das älteste Haus Hasslochs (1599) steht, das seit vier Jahren unser Heimatmuseum beherbergt, konnten wir durch offene Tore große Scheunen und zerfallene Ställe sehen, aber keine Sau begegnete uns.

Bei dem Namen ‚Schmähgasse' musste erst das veraltete Wort ‚schmähen' erklärt werden. Wer wurde hier ausgelacht? – Die Neugier der Kinder war geweckt. Am nächsten Tag brachte ich die Bücher ‚Hasslocher Chronik' und ‚Hassloch anno dazumal' mit. Wir erfuhren, dass man früher Feld- und Viehdiebe zur Strafe in eine ‚Halsgeige' steckte und sie dann durch die Schmähgasse zum Pranger auf den Marktplatz führte. Die Bewohner und besonders die Kinder liefen hinterher und lachten die Diebe aus, wie es uns in einem alten Vers so schön erzählt wird:

> ‚Wer von dem Gut der Herren nahm,
> die Geige um den Hals bekam.
> Durchs Dorf der Dieb so musste geh'n,
> die Kinder durften laut ihn schmäh'n.'

Auch über die Herkunft der Namen Kaiserpfad und Burgweg erhielten wir Auskunft. Hassloch hatte früh einen Königshof. Zu ihm gehörten viele Äcker, Wiesen, Wald und Vieh. Jeder Bauer musste an drei Tagen in der Woche auf den Feldern des Königshofes ohne Lohn arbeiten. So kam auch Kaiser Friedrich Barbarossa am 11. November 1186 nach Hassloch, um seine Königsgüter zu besichtigen. Er übernachtete hier und stellte eine Schenkungsurkunde aus, die im Museum aufbewahrt wird. An die Kaiser-äcker erinnert uns der Kaiserpfad."

Die Lokalgeschichte und die Lebensweise vor 50 oder 60 Jahren werden besonders deutlich, wenn wir Senioren in die Kindertages-einrichtung einladen, bewirten und von früher berichten lassen (vgl. Kapitel 2.7). Für die Kinder wird ein Stück Vergangenheit lebendig – vor allem wenn wir einen guten Erzähler gefunden haben, der dramatisiert, Sachverhalte kindgemäß darstellt und immer wieder den Bezug zur Gegenwart herstellt. Das Interesse der Kinder wird auch dadurch aufrechterhalten, dass sie Fragen stellen können. Oft entwickelt sich ein lebendiges Gespräch, wie nachstehendes Protokoll verdeutlicht. Hier wurden vier Senioren von einer Grundschulklasse in Nordrhein-Westfalen eingeladen (Pilgrim 1983, S. 36-38). Das Gespräch hätte natürlich so ähnlich auch in einer Kindertageseinrichtung stattfinden können:

„Christian: Wie viel Stunden gab es früher in der Schule?

Herr V.: Von 8.00 bis 13.00 Uhr hatten wir Unterricht und zwei- oder viermal pro Woche auch nachmittags. Im ersten Jahr war es weniger. Wir gingen um 7.00 Uhr geschlossen in die Kirche, dann geschlossen in Zweierreihen zur Schule. An den Tagen, an denen nachmittags Unterricht war, war um 12.00 bis 13.00 Uhr Pause.

Lars: Wie lang war der Schulweg?

Frau St.: Eine halbe Stunde mindestens. Das Schönste an der Schule war der Schulweg. Schulbus war unbekannt. Wir mussten im Winter durch den dicken Schnee, immer in Holzschuhen. Da wurde es manchmal länger.

Herr Sch.: Es gab vier Klassenräume, einen für die Jungen des 5. bis 8. Schuljahres, einen für die Mädchen des 5. bis 8. Schuljahres, eine Klasse für das 1. und 2. Schuljahr und einen Raum für das 3. und 4. Schuljahr.

Thomas: Gab es früher in der Schule Schläge?

Frau St.: Ja, die Jungens wurden über die Bank gelegt und bekamen mit dem Stock Schläge auf den Hintern. Manchmal hat dann noch einer die Beine festgehalten.

Herr Sch.: Nachsitzen war als Strafe auch üblich, z.B. wenn man durch ein Fenster gestiegen war. Das habe ich einmal erlebt. Da musste ich dann eine Stunde lang einen Satz schreiben. Die Nachbarskinder haben dann aber auf mich gewartet, damit die Eltern nicht merkten, dass ich nachsitzen musste und die Schule schon früher aus war.

Herr V.: Als ich früher zur Schule ging, waren die Leute in Schermbeck sehr arm. Keiner hatte eine Mark zu viel. Wir liefen in Klumpen zur Schule, sonntags mal in Schuhen. Wir trugen kurze Hosen. Dicke selbst gestrickte Strümpfe waren mit einem Gummiband angeknöpft. Und wenn der Frühling kam, haben wir uns die Strumpfbänder losgemacht und haben die Strümpfe bis unter die Knie aufgerollt. Das gab aber ‚Rettungsringe‘, weil die Gummibänder einschnitten.

78

Die Holzschuhe hatten einen großen Vorteil. Man hatte immer warme Füße, auch im Winter. Und wenn wir Fußball spielten, dann fiel schon mal ein Klumpen ab. Im Unterricht waren wir alle brav, draußen auf dem Hof gab es öfters Raufereien. Zu Beginn des Unterrichts stand die Klasse auf und sagte ‚Guten Morgen'. Dann kam das Morgengebet, danach eine Stunde Religionsunterricht. Das hat uns nicht geschadet. Es wurde auch immer eine Landkarte aufgestellt, die bis nach Palästina reichte. Da guckte ich immer darauf, wenn ich mal nicht zuhörte. Wir hatten Lesen, Deutsch, Rechnen und Schreiben...

Zur damaligen Zeit waren wir alle etwas schüchtern. Heute seid ihr natürlich freier. Es gab zu unserer Zeit Respektpersonen, das waren Lehrer, Pastöre und der alte Bürgermeister Maassen. Er war ein gerechter Geradeausmann, der jeden kannte.

Achim: Sind Sie auch zu spät zum Unterricht gekommen?

Frau St.: Ja, dann musste man sich entschuldigen und auch schon mal in die Ecke stellen und den Holzschuh hoch halten.

Uwe: Wenn Sie nach Hause kamen, haben Sie dann gleich Schulaufgaben gemacht?

Frau St.: Man musste erst beim Spülen helfen und dann Hausaufgaben machen. Vorher durfte man nicht spielen.

Herr V.: Wir haben auch im Garten geholfen, Jauche geschöpft und Mist ausgebreitet.

Herr K.: Manchmal mussten wir auch auf dem Feld arbeiten, aber meistens nur bei der Kartoffelernte. Es gab ja noch keine Trecker, gepflügt wurde sogar mit den Kühen.

Herr V.: Wir mussten auch für die Eltern Schuhe putzen, die Waschmaschine drehen und Wasser holen. Es gab in Schermbeck alle 100 Meter eine Pumpe, aus der wir Wasser bekamen.

Sven: Welche Spiele konnten Sie?

Herr K.: Fangen und Versteckspielen.

Herr V.: In unserer Freizeit sind wir durch die Büsche gestrolcht, haben Räuberhauptmann und Gendarm gespielt. Versteckspiel, Schwimmen, Modellsegelflug und später richtiger Segelflug gehörten dazu.

Herr Sch.: Ich habe hier ein altes Bild von einem Schulausflug in die Borkenberge. Da könnt ihr auch einen Segelflugplatz erkennen. Hier habe ich noch ein Foto aus dem zweiten Schuljahr. Einmal im Jahr kam ein Vertreter mit Kaffee-Ersatz in die Schule, und wenn alle ein Pfund gekauft hatten, wurde ein Foto gemacht.

Markus: Gab es schon Schlittschuhe?

Frau St.: Ja, sie wurden an Lederschuhen festgemacht. Meistens sind wir aber mit Holzschuhen geschliddert.

Carsten: Was bekam man für zehn Pfennige?

Frau St.: Das war schon viel. Für einen Pfennig oder für einige Pfennige bekam man schon einen Haufen Bonbons. Es wurde auch nur Platt gesprochen mit den Kindern.

Herr K.: Ihr kennt doch alle die Straße Kettcheshee? (schreibt den Namen in deutscher Schrift an die Tafel). Ich will euch erklären, was das bedeutet. Kätzchenheide würde man sagen. Es gab dort viele Weidenkätzchen und auch Heide. Ursprünglich hatten die dort liegenden Häuser nur Hausnummern. Nachdem immer mehr Häuser gebaut wurden, mussten im Gemeinderat Straßen- und Wegenamen festgelegt werden. Ich war damals im Gemeinderat.

Guido: Wie sahen früher die Häuser aus?

Frau St.: Es waren kleine Häuser. Die hatten keine Rollläden, kaum mal Gardinen, nur Blenden an den Fenstern. Dazu könnten wir uns später noch Fotos ansehen.

Holger: Gab es schon Busse?

Frau St.: Nur ganz wenige nach dem Zweiten Weltkrieg. Früher, vor dem Ersten Weltkrieg, gab es eine Postkutsche zum Bahnhof.

Herr V.: Wir hatten nicht so viele Spielsachen, wir hatten kein Fernsehen, in der Schule war es strenger, aber wir waren glücklich..."

Eine Alternative zum Gespräch mit Senioren oder Fachleuten wie Heimatforschern in der Kindertageseinrichtung ist die Begleitung der Gruppe bei Erkundungsgängen durch solche Personen. Dann können sie vor Ort erzählen, wie es hier vor 30 oder 50 Jahren aussah, was sie über die Geschichte eines bestimmten Gebäudes wissen, welche Erinnerungen mit Geschäften oder Plätzen verbunden sind usw. Die Kinder nehmen ihre Wohngegend durch die Augen der Begleitpersonen wahr und erwerben Geschichtskenntnisse. Zugleich erkennen die Erwachsenen, wie sehr sich die heutige Kindheit von der eigenen unterscheidet, wie sehr Kinder durch den Verkehr gefährdet und in ihren Spiel- bzw. Bewegungsmöglichkeiten eingeschränkt sind.

Insbesondere in kleineren Gemeinden lässt sich leicht das Interesse von Kindern und Eltern an einer Fotoausstellung zur Ortsgeschichte wecken. Eltern, Großeltern und andere Verwandte, Nachbarn, der Pfarrer und eventuell sogar der Bürgermeister werden alte Bilder und Fotos zur Verfügung stellen. Dann kann die Kindergruppe Spaziergänge zu den abgebildeten Straßen, Kreuzungen, Plätzen, Gebäuden oder landwirtschaftlich genutzten Flächen unternehmen und besprechen, wie es dort jetzt aussieht. Auf diese Weise wird z.B. der Wandel vom agrarisch strukturierten Dorf mit vielen kleinen Geschäften und Handwerksbetrieben zur stadtnahen Wohngemeinde mit modernen Eigenheimsiedlungen deutlich. Möglichst aus der gleichen Perspektive wie bei den alten Bildern können Fotos gemacht werden, die später bei der Ausstellung neben die historischen Aufnahmen gehängt werden.

Anstelle von Bildern und Fotos kann die Kindertageseinrichtung alte Gebrauchsgegenstände, Werkzeuge und Gerätschaften aus Küche, Scheune, Stall und Werkstatt sammeln. Die Funktionsweise der Objekte wird in der Gruppe besprochen. Oft findet sich ein älterer Erwachsener, der noch weiß, wie man Garn spinnt, Butter rührt oder Getreide drischt. Dürfen die Geräte noch verwendet werden, so kann er die Tätigkeiten vormachen. Die Kinder können ihn nachahmen und bekommen auf diese Weise einen Eindruck davon, wie mühselig es früher war, z.B. Wäsche im Zuber mit Hilfe eines Waschbretts zu waschen oder Flachs zu verarbeiten. Ergänzend können Bilderbücher betrachtet oder Geschichten erzählt werden, die vom Leben in früheren Zeiten berichten.

Schließlich können die Kinder ein natürlich nur kurzzeitig bestehendes Museum in einem Gruppen- oder Nebenraum einrichten. Eltern, Großeltern und andere Erwachsene werden es sicherlich gerne besuchen, insbesondere wenn sie von Kindern sachkundig geführt werden. Ein „Kassierer" sammelt von ihnen einen kleinen Obolus ein, während „Museumswärter" aufpassen, dass die Besucher nichts kaputtmachen oder gar stehlen. Eine von der Gruppe organisierte Fotoausstellung „Unser Dorf damals – heute" oder eine Ausstellung „Werkzeug früher – heute" kann im Rahmen des Sommerfestes der Kindertageseinrichtung öffentlichkeitswirksam präsentiert werden (ein kurzer Bericht mit Fotos wird sicherlich von einer Lokalzeitung abgedruckt werden). Manchmal kann auch arrangiert werden, dass die Ausstellung für längere Zeit im Rathaus, dem Gemeindezentrum oder der Sparkasse gezeigt wird. Die Kinder werden ganz stolz sein!

Auch die im letzten Kapitel beschriebenen Erkundungsgänge können überwiegend unter historischen Gesichtspunkten erfolgen. Nahezu in jeder Stadt oder kleineren Gemeinde befinden sich ältere Gebäude. Schon bei Kleinkindern kann leicht Interesse daran geweckt werden, diese Bauwerke von außen und innen zu erforschen. Mit besonders viel Aufmerksamkeit ist zu rechnen, wenn noch ungewöhnliche Geschichten oder Legenden mit dem jeweiligen Gebäude verbunden sind. Gretel Michelfeit, Leiterin des Städtischen Kindergartens Tölzer Straße, berichtet, wie sie mit ihrer Gruppe alte Münchner Bauwerke besuchte:

Unser erster Erkundungsgang führte uns zum Alten Hof, mit den hohen Dächern, den Aufzügen (die Kinder meinten, da haben sie sicher Getreide, Lebensmittel und Futter für die Tiere hochgezogen), dem hübschen Erker, wo der Sage nach ein im Herzoghaus gehaltenes Äffchen das Herzogskind entführte, und den riesigen Toren, die man nicht bewegen kann, weil sie so schwer sind.

Dann wanderten wir weiter zu dem Haus (Weinstadl), in dem früher der Stadtschreiber arbeitete. Wir durften durchs Lokal in den schönen Innenhof, und ein Kellner räumte bereitwillig einige Stühle beiseite, damit die Kinder die Wendeltreppe (Himmelsleiter) – für sie ein neues Erlebnis – hinaufsteigen konnten. Die Stube des Stadtschreibers konnten wir leider nicht mehr sehen. Aber die Frage, was so ein Stadtschreiber eigentlich machte, war leicht beantwortet: Er schrieb auf, was alles so in der Stadt Munichen passierte. Und damit er Ruhe hatte, saß er hoch oben in seiner Stadtschreiberei, und wenn es um die Mittagszeit ganz still war, konnte man seine Feder über das Papier kratzen hören. Die Kinder konnten sich sehr gut vorstellen, wie man mit einer Feder schreibt, da sie das schon öfter und mit großem Spaß im Kindergarten ausprobiert hatten.

Weiter ging es zum Zerwirkgewölbe. Ein großes Haus, schön bemalt. Ja, was ist denn ein Zerwirkgewölbe? Ich erzählte den Kindern, dass das Wild, wenn es geschossen worden war, zerteilt und ihm das Fell abgezogen wurde. Diese Arbeit nannte man früher „zerwirken".

Gleich neben dem Zerwirkgewölbe gingen wir durch den uralten Schlichtinger Bogen in ein ganz, ganz schmales Gässchen. Als die Kinder hinaufschauten – hoch ins Tageslicht –, meinten sie: „Da kann man sich von einer Seite auf die andere die Hand reichen." Sie maßen auch die Breite des Gässchens aus: Es genügten zwei Kinder nebeneinander mit ausgestreckten Händen. Ein Junge meinte: „Ein Auto kann da aber nicht durchfahren." Bald waren wir im Marienhof (hinter dem Rathaus), fuhren mit der Rolltreppe zur U-Bahn herunter und mit dieser heim zum Mittagessen in unseren Kindergarten.

Unser zweiter Erkundungsgang führte uns zum Dom und auf den Rathausturm. Der Dom, dieses riesige Bauwerk mit den weithin sichtbaren Türmen, faszinierte sie. Ein Mädchen erzählte: „Immer, wenn wir nach München zurückfahren, sehen wir die zwei Türme, egal ob wir von der Oma in Starnberg oder von der Oma in Wasserburg kommen." Es stimmt tatsächlich.

Die Geschichte vom Dombau und dem Teufel kannten die meisten Kinder schon. Allen, die sie nicht kannten, wurde sie gleich erzählt: Der Teufel wollte den Bau der Frauenkirche verhindern und drohte dem Dombaumeister, er werde die Kirche zum Einstürzen bringen – außer es gelänge diesem, den Dom ohne Fenster zu bauen. Der Dombaumeister ließ den Bau nach vorn hin leicht schräg zulaufen, sodass von einem Ort nahe dem Eingang die Fenster durch die Säulen verdeckt wurden. An diesen Platz führte er nach Fertigstellung der Frauenkirche den Teufel, der – da er keine Fenster sah – vor Wut aufstampfte und den so genannten Teufelstritt hinterließ. Seither saust er um den Dom, sodass dort immer der Wind weht. Und so probierten die Kinder aus, ob sie den Wind des Teufels spürten – und sie spürten ihn natürlich.

Dann gingen wir zum Marienplatz und fuhren mit dem Lift auf den Turm des neuen Rathauses. Die Kinder waren begeistert, dass man von dort oben alles sehen konnte, dass die Leute unten so klein und die Frauenkirchtürme gar nicht mehr so hoch waren. Ob man wohl unseren Kindergarten sehen kann? Sie gingen mal auf die eine Seite, mal auf die andere und entdeckten immer wieder etwas Neues, sogar die vielen Uhren auf dem Alten Peter und das Alte Rathaus mit seinem schönen Turm.

Nachdem sie sich satt gesehen hatten, fuhren wir wieder hinunter. Dann gingen wir zum Fischbrunnen, in dem am Aschermittwoch die Leute ihre Geldbeutel auswaschen, damit sie immer Geld haben. Auch der Münchner Oberbürgermeister wäscht im eiskalten Wasser den leeren städtischen Geldbeutel (Stadtsäckel) aus und hofft auf dieses Wunder. Über Geld und Bürgermeister diskutierend, langten wir beim Alten Rathaus an. Ich erzählte den Kindern, dass früher unten im Rathausturm die Diebe und andere Verbrecher eingekerkert und gefoltert wurden und dass oben im Turm die Münchner Bürger ihre Bürgermeister einsperrten, wenn sie die Stadt nicht gut regierten. Über Kerker, Folter und Bürgermeister, die nicht sparen konnten, unterhielten wir uns auf dem Weg zur U-Bahn und bis hin zum Kindergarten.

Unser dritter Weg führte uns vom Sendlinger Torplatz durch das Sendlinger Tor – die Kinder mussten durch die Schießscharten schauen und wunderten sich über so ein großes dickes Tor mitten in der Stadt – in die alte, schmale, von schönen alten Häusern gesäumte Sendlinger Straße. Bei dieser Gelegenheit erzählte ich ihnen, dass früher eine Mauer mit vielen Stadttoren um ganz Munichen führte. Wir bestaunten die Häuser auf beiden Seiten und wunderten uns über die Hausnummern. Die Sendlinger Straße war bis 1994 mit fortlaufenden Zahlen nummeriert und nicht, wie üblich, auf der einen Seite mit geraden und auf der anderen mit ungeraden Zahlen.

Bei der Asam Kirche angekommen, mussten wir natürlich in das schöne Gebäude hineingehen, das auf einem Felsen steht. Die Kinder konnten sich an der prächtigen, reichen und kostbaren Innenausstattung gar nicht satt sehen. Ich erzählte ihnen von den Brüdern Asam, und dass der eine Egid Quirin und der andere Cosmas Damian geheißen habe. Da meinte unser Quirin: „Genau wie ich." Er war sehr stolz, genauso wie einer der Asam-Brüder zu heißen, die so eine schöne Kirche bauen konnten.

Weiter wanderten wir durch die schmale Dultstraße zum Ober Anger und in das Stadtmuseum. Wir wollten zum Sandtner Modell (Kopie): Da hat vor vielen Jahren ein Drechslermeister und Kunstschreiner die Stadt München aus Holz nachgebaut – mit ihrer damaligen Stadtmauer, den vielen Türmen, den Toren, den Kirchen, dem Alten Rathaus und vielem mehr. Die Kinder standen fasziniert davor. Als Erstes suchten sie das Sendlinger Tor, durch welches wir gekommen waren, dann das Isartor, die

Frauenkirche, den Viktualienmarkt. Sie gingen immer wieder um das Modell herum, als ob sie es studieren wollten. Müde und voller Eindrücke gingen wir zum Marienplatz, um mit der U-Bahn zum Kindergarten zu fahren.

Einige Tage später fingen die Kinder (12 Jungen und Mädchen) in einem unserer Nebenräume an, das „Alte Munichen" zu bauen – mit allen vorhandenen Baukästen (12 Uhl-Bauwagen wurden verbaut!). Als Erstes entstand die Stadtmauer. Dann kam die Frauenkirche, wobei ihnen die Kuppeln Schwierigkeiten bereiteten. Sie wurden nach längeren Überlegungen aus Papierstreifen konstruiert. Ein riesiger Bau war die alte Burg mit dem Alten Hof. Der Viktualienmarkt wurde mit bunten Papierschirmchen geschmückt, und viele kleine Bausteinhäuschen säumten eng aneinander geschmiegt die Straßen. Zu unserem Erstaunen hatte die Stadtmauer genau die Form des Sandtner Modells. Am nächsten Tag entstand die Isar, auf der selbst gebastelte Flöße mit Salzsäcken schwammen. Sie wurde mit vielen Bäumen umsäumt. Die Kinder arbeiteten fast 14 Tage lang an ihrem Munichen und spielten voller Begeisterung „Mittelalter". An Zuschauer/innen mangelte es nicht.

Einen Einblick in die Ortsgeschichte kann auch ein Besuch im Heimat- oder Bauernmuseum vermitteln. Dies geschieht am besten im Rahmen eines längerfristigen, historisch ausgerichteten Projekts. Auch empfiehlt es sich, zunächst einen Orientierungsbesuch zu machen, da zu erwarten ist, dass die Neugier die Kinder schnell von einem Ausstellungsgegenstand zum nächsten treiben wird. Spätere Besichtigungen werden unter ein bestimmtes Thema gestellt (das in der Gruppe vorbesprochen wurde und später vertieft werden soll), sodass nur noch einzelne Bereiche des Museums aufgesucht werden müssen. Hier wird deutlich, dass solche Ausflüge gut vorbereitet sein und an dem anknüpfen sollten, was die Kinder bereits wissen oder für das sie Interesse gezeigt haben. Ein Beispiel (Gunesch 1989, S. 257):

„Die Rektorin der Grundschule, zugleich Leiterin des Museums, öffnete an einem Nachmittag nur für uns. Da ich das Museum gut kenne und schon wiederholt mit Kindern dort war, hatte ich mit ihr besprochen, was sie uns zeigen sollte. Wir vereinbarten auch, dass wir uns vom Interesse der Kinder leiten lassen wollten.

Gleich nach dem Betreten des Museums suchten die Kinder nach der ‚Halsgeige'. Die Leiterin erzählte die Geschichte dazu.

In der Spinn- und Webstube sahen wir schöne handgewebte und bedruckte Stoffe. Unsere Führerin zeigte uns die alten Druckmodelle aus Holz. Wir durften auch einen Stempel mitnehmen, sodass die Kinder im Kindergarten selbst Leinen bedrucken konnten, allerdings mit modernen Stofffarben, da uns die Herstellung der Farbe nach altem Rezept zu zeitaufwändig war.

Aus Kernseife stellten wir mit den Kindern Druckmodeln her, indem die Kinder mit einem Kugelschreiber ein Motiv einritzten und wie ein Relief herausarbeiteten."

Hier wird deutlich, wie der Museumsbesuch durch Aktivitäten wie Basteln, Zeichnen, Modellieren, Drucken usw. nachbereitet werden kann.

Im Gegensatz zu Heimatmuseen sind Freilichtmuseen in der Regel nur mit einem gecharterten Bus zu erreichen, sodass sich die Gruppe zumeist auf einen Besuch beschränken muss. Der höhere Aufwand lohnt sich aber, da nirgendwo sonst Kinder so plastisch und verständlich einen Eindruck vom Leben in früheren Epochen bekommen können: Die alten, zumeist aus der Region „zusammengetragenen" Gebäude sind stilgerecht eingerichtet – als ob jeden Moment die früheren Bewohner auftauchen könnten. Gärten und Felder werden oftmals so bestellt, wie dies vor 100 oder 300 Jahren üblich war. Schweine stehen im Stall, Rinder grasen auf der Weide. In der Schmiede, der Mühle und der Bäckerei liegen die früher verwendeten Gerätschaften herum. In vielen Freilichtmuseen wird auch z.B. die Mühle für die Besucher in Gang gesetzt, dürfen Kinder Flachs brechen oder am Webstuhl arbeiten.

Insbesondere wenn Erzieher/innen das Museum nicht kennen, sollte vereinbart werden, dass ein Museumspädagoge die Führung übernimmt. Im folgenden Beispiel zeigte er den Kindern die Küche eines Hauses aus dem 17. Jahrhundert (Imhof 1988, S. 30-31):

„„Das war doch toll früher: ein offenes Feuer in der Küche, das ist fast wie auf dem Abenteuerspielplatz', provoziert der Museumspädagoge. Aber wohin mit dem Rauch? Der suchte sich einen Weg durch das Gebälk nach oben durchs Strohdach; einen Kamin gab es nicht. Der Rauch räucherte die Würste und Schinken, er konservierte auch die Balken über dem Herd, damit der Funkenflug nicht das Gebälk entzündete. Qualm vom Herdfeuer lag ständig in der Küche, übrigens der einzige Raum im Haus, der beheizt war. Der Rauch biss in die Augen, drückte auf die Atmung, reizte zum Husten. Auf Bildern von früher sind Bauersfrauen oft mit rot umränderten Augen dargestellt, eine Augenentzündung, eine Folge des täglichen Arbeitens an der offenen Feuerstelle. Die mögliche Romantik wird rasch durch die Wirklichkeit des ‚Arbeitsplatzes Herdstelle' korrigiert. Im Winter zog der Wind durch die Ritzen, da die Wand zwischen den Fachwerkbalken und Lehmgefachungen nicht dicht war. Die Feuerstelle reichte als Wärmequelle nicht aus. Der Stall, gleich nebenan durch eine Tür mit der Küche verbunden, wärmte mit; Stallgeruch und Herdqualm mischten sich.

Wie mag das Leben der Menschen im Winter wohl gewesen sein, ohne Toilette, ohne fließendes Wasser? In den langen Winterabenden war das Feuer zugleich die einzige Lichtquelle, Kerzen waren zu teuer. Die zunächst museale Einrichtung mit ihren nostalgischen Assoziationen wird mit historischem Leben erfüllt; Balken, Steine und Gerätschaften beginnen zu erzählen.

‚Was konnte auf diesem Herdfeuer wohl nicht gekocht werden?' Die Antworten nach kurzem Überlegen: ‚Pizza', ‚Kuchen und Torten', ‚gebratene Hähnchen'. Rasch kommen die Kinder darauf, dass immer nur eine Mahlzeit über dem offenen Feuer zubereitet werden konnte, entweder im Topf oder in der Pfanne: ein Brei, eine Suppe; das Essen war einfach und ohne Abwechslung."

Genauso interessant und lebensnah gestaltete sich im Freilichtmuseum Hessenpark die Besichtigung eines Kohlenmeilers, der alten Dorfschule, der Spinnstube und der Lehmkuhle, wo die Kinder Ziegel herstellen durften (Imhof 1988): Mit bloßen Füßen standen sie in der Kuhle und kneteten den Lehm, füllten ihn in die angefeuchteten Ziegelformen und brachten diese auf einer Lore zum Trockenplatz. Dort wurden die Rohlinge aus der Form auf ein Sandbett zum Vortrocknen gekippt. Später sollten sie im Backsteinmeiler gebrannt werden. Im Gespräch wurde den Kindern verdeutlicht, wie lange es früher gedauert hat, bis genügend Ziegel für den Bau eines Hauses hergestellt wurden. Es ist anzunehmen, dass die Kinder noch lange über diesen Museumsbesuch geredet haben.

Über ein besonders abwechslungsreiches, historisch ausgerichtetes Projekt berichtet Gretel Michelfeit:

Wir hatten in unseren Gruppen viele große Buben, die gerne rauften und kämpften – verständlich, aber leider oft ärgerlich, wenn kleinere Kinder darunter leiden mussten. Also führten wir wiederholt Gespräche über Sinn und Unsinn der Rauferei und stießen dabei auf Verhaltensmodelle wie He-Man und Badman – aber auch auf Ritter, die stark und mutig seien. Die Kinder kamen ins Erzählen: Felix war sogar schon bei einem Ritterturnier gewesen; der Vater erzählte ihm viele Rittergeschichten. Auch die Mädchen beteiligten sich ganz interessiert an den Gesprächen.

Bald drehte sich in unserem Kindergarten alles um Ritter, Burgen, Rüstungen, Schwerter und Turniere. Entsprechende Bilderbücher wurden entweder von den Kindern mitgebracht oder vom Team gekauft. Wir bastelten Rüstungen aus Karton, Schwerter aus Pappe und Helme aus Wellpappe. Alles wurde mit Kreuzen, Blumen, Tieren u.a. verziert. Die Mädchen bastelten sich Kopfschmuck mit Schleiern und lange Röcke aus Stoffresten bzw. griffen zu geeigneten Kleidern aus unserer Verkleidungskiste.

Da das Nationalmuseum in München viele Ritterrüstungen, Schwerter, Lanzen, Helme, Kanonen und sogar eine Kinderrüstung ausstellt, mussten wir es unbedingt besuchen. Wir fuhren also viele Male mit öffentlichen Verkehrsmitteln hin, wobei wir immer nur 12 Kinder mitnahmen – eine derart kleine Gruppe ist überschaubar, und man kann besser auf Fragen eingehen. Für den Hunger nahmen wir uns zwei große Salatgurken und zwei türkische Fladenbrote mit – auch Ritter mussten sich früher mit wenigem begnügen. Wenn um 10 Uhr die Museumstore geöffnet wurden, waren wir immer schon da, und dann gehörte der Raum mit den Rüstungen uns.

Nach ausgiebiger Besichtigung – am liebsten hätten wir die Kinderrüstung mitgenommen – traten wir den Heimweg an. Im Englischen Garten hielten wir unsere „Ritterbrotzeit". Dann suchten die Kinder „Ritterspuren". Pferdespuren (von der Universitätsreitschule) wurden schnell entdeckt... Viele Eltern wurden an den kommenden Wochenenden von ihren Kindern in das Nationalmuseum „geschleppt", damit sie sich auch die Rüstungen anschauen konnten. Der Großteil der (Münchner!) Eltern hätte nicht gedacht, dass das Museum für Kinder so ergiebig sein konnte...

Nach all den Besichtigungen und Bastelarbeiten begannen wir mit der Vorbereitung unseres Ritterturniers und -festes. Wir spannten in unserer großen Halle Schnüre, hängten mit Schokoladenriegeln gefüllte Luftballons auf, nahmen Garderobenbänke als Tische – Felix behauptete fest und steif, dass die Ritter am Boden auf Fellen oder Rupfenresten gesessen und mit den Fingern gegessen hätten. Vor dem Turnier wurde noch eine einführende Geschichte vorgetragen, und dann traten die Ritter mit Rüstung, Helm und Schwert zum Kampf an. Wer die meisten Luftballone traf, wurde zum Sieger erklärt und durfte das schönste Burgfräulein zum anschließenden Ritterfest führen. Dabei durfte höfische Musik vom Kassettenrekorder nicht fehlen. Den Abschluss bildeten ein Festmahl mit gegrillten Ripperln, Ketchup, Karamalz und schwarzem Brot.

In den folgenden Wochen wurden unsere vielen Holzbaukästen genutzt, um Ritterburgen, Verliese, Türme und Turnierplätze zu bauen – selbstverständlich auch von den Mädchen. Da in unserem Kindergarten Bauwerke so lange stehen bleiben dürfen, wie die Kinder wollen, wuchsen manche Burgen zu riesigen Anlagen mit vielen Mauern, Gräben, Höfen und Gärten zusammen.

Als wir mit den zukünftigen Schulkindern über mögliche Ziele für den Abschlussausflug sprachen, animierte uns dieser Anblick, uns für Burghausen zu entscheiden, einer Stadt an der Salzach mit der größten Burganlage Deutschlands. Ich telefonierte mit dem Fremdenverkehrsamt wegen einer Führung. Es wurde mir erklärt, dass so etwas für Kindergartenkinder nicht möglich sei, da sie dem Vortrag der Führer nicht folgen könnten. Dies erregte meinen Zorn, zumal sich auf meine Nachfrage hin herausstellte, dass erfahrene Hausfrauen die Führungen übernehmen. Ob sich diese nicht auf Fünfjährige einstellen können? Nein, wurde mir beschieden, es sei eine heimatkundliche Führung. Aber man wolle uns Prospekte schicken...

Diese Erfahrung entmutigte uns nicht, zumal wir schließlich erfahrene Burgdamen und Ritter waren. So ging es an einem regnerischen Tag mit einem Kleinbus los gen Osten. Je näher wir unserem ca. 100 km entfernten Ziel kamen, umso heller wurde der Himmel. Die Zeit verging schnell; keinem Kind wurde es während der Fahrt schlecht. Nach unserer Ankunft machten wir im ersten großen Burghof – der für alle Omnibusse und Autos Endstation ist – zuerst einmal Brotzeit. Im Kofferraum fanden sich Körbe mit Apfelsaft- und Mineralwasserflaschen, Gurken, Wassermelonen, Äpfeln, Aprikosen, Tomaten, Wurst und viel türkischem Fladenbrot.

Es war für jeden Geschmack und Hunger etwas dabei. Die Brotzeit dauerte aber nur kurz, da die Neugier der Kinder unendlich groß war. So verstauten wir alles wieder im Bus und machten mit dem Fahrer einen Treffpunkt in der tiefer gelegenen Altstadt aus.

Es konnte losgehen: Je nach Temperament gingen oder rannten die Kinder, schauten aus den Schießscharten auf die Altstadt oder den Wöhrsee herunter, vermuteten in jedem Kellerloch ein Verließ mit Skeletten. Sie zählten die Türme, suchten nach den Salz- und Pfeffertürmchen, bestaunten die Hängebrücken und erkundigten sich nach den Wappen und ihren Trägern. Nach viel Erzählen, Fragen und Zeigen erreichten wir den vorletzten, recht engen und dunklen, von mächtigen Mauern und einem riesigen Holztor gesicherten Innenhof. Hier entdeckten die Kinder einen großen Haufen echter steinerner Kanonenkugeln, auf den sie sich unbedingt setzen mussten.

Wir waren inzwischen fast eine Stunde gewandert, aber müde waren unsere ansonsten verwöhnten Stadtkinder immer noch nicht. So beschlossen wir, in das Innere der Burg zu gehen. Es gab dort auch viel zu sehen, da unser Münchner Nationalmuseum sehr viele Gegenstände nach Burghausen ausgelagert hat: Schränke, kurze Betten, riesige Truhen mit Eisenbeschlägen und viele, viele Bilder von Heiligen mit ihren Marterwerkzeugen. Ich musste erzählen und erzählen, bis mir fast nichts mehr einfiel.

Dann stiegen wir noch auf die Aussichtsplattform und betrachteten die wunderschöne alte Stadt von oben. Ich hatte den Kindern erzählt, dass die Burg ganz bewusst an diese enge Stelle gebaut wurde, damit jeder Transport auf der Salzach kontrolliert und Zoll verlangt werden konnte. Auch sollte die Burg uneinnehmbar sein. All dies wurde den Kindern durch den überwältigenden Ausblick deutlich.

Beim Zurückgehen kamen wir an einem riesengroßen Schlachtenbild mit Pferden, Rittern und auch vielen Verletzten und Toten vorbei. Die Kinder setzten sich einfach auf den Holzboden und wollten von dem Ereignis hören, das auf dem Gemälde dargestellt wurde. Mir fiel aber – ich weiß nicht warum – nur der junge Franz von Assisi ein. Ich erzählte den Kindern von dem gut aussehenden jungen Mann, der alles hatte – Pferde, Kleider, Geld usw. –, der häufig mit seinen Freunden raufte und dann eines Tages ganz anderen Sinnes wurde, alles hergab, nie mehr mit anderen kämpfte, nur noch für die Armen da sein und in Frieden leben wollte. Dann schwieg ich, und in die Stille hinein sagte der sechsjährige Quirin, wenn wir das auch könnten, und unsere Kinder – wenn wir einmal verheiratet sind und welche haben – und deren Kinder, dann wäre es bestimmt besser auf der Welt...

Beim Abstieg von der Burg in die Altstadt erkannten die Kinder die Höhe des Burgbergs. Der mächtige Kirchturm war von oben klein und dünn, aber mit jeder Treppe wurde er größer und breiter. Unten angekommen, schauten die Kinder voller Erstaunen hoch zu der Turmspitze. Dann erst entdeckten sie die hoch gelegene Burg, in der sie eben noch gewesen waren. Wir schlenderten – jeder mit einem Eishörnchen in der Hand – durch viele kleine Gassen, schauten auf die Salzach oder durch einen Durchblick auf die Burg und trafen wie durch Zufall unseren Bus wieder. Nach einem „Resteessen" ging es zurück nach München.

Wie dieses Beispiel zeigt, lässt sich gerade das Thema „Mittelalter" in Projekten außerordentlich interessant gestalten. Vielerorts finden sich Burgen, bei deren Besichtigung die Kinder viel über deren Lage, Aufbau und Geschichte lernen. Sofern es sich nicht um Ruinen handelt, erfahren sie etwas über die Wohnräume und oft auch über deren Einrichtung. Im Gespräch bzw. im Rahmen eines Festmahls können mittelalterliche Essgewohnheiten verdeutlicht werden. Im Rollenspiel oder gar in einem Theaterstück kann nachverfolgt werden, wie ein Knappe zum Ritter geschlagen und auf welche ritterlichen Tugenden er eingeschworen wurde.

Viel Spaß macht es Kindern aber auch, sich z.B. mit der Steinzeit zu beschäftigen. Sie können einfache Hütten aus Reisig und Lehm bauen, Getreide zwischen zwei Steinen mahlen, einen Gruppenraum zu einer Höhle ausgestalten und darin alle üblichen Tätigkeiten wie Spielen, Essen und Schlafen auf dem Boden erleben. Historisch orientierte Projekte begeistern auch die Eltern, deren Mitarbeit dann leicht zu gewinnen ist. Beschäftigen Sie sich einmal mit den Sie interessierenden Epochen oder mit der Geschichte Ihres Heimatortes – und auch Sie werden Feuer fangen!

2.5 Kultur und Medien

Medien, insbesondere Fernsehen und (Bilder-) Bücher, sind zentrale Bestandteile der kindlichen Lebenswelt. Es gibt aber auch andere kulturelle Bereiche, die sich zu erkunden lohnen: Museen, Orchester, Theater und Bibliotheken. Hier lernen Kinder gegenwärtige und vergangene Formen kultureller und künstlerischer Äußerungen, von Wahrnehmung und der Aneignung von Wirklichkeit kennen. Die Auseinandersetzung mit ihnen fördert nicht nur die Persönlichkeitsbildung, sondern motiviert auch zu eigenen kreativen Aktivitäten. Zugleich wird die Stadt als Kulturstätte erlebt.

Im letzten Kapitel haben wir bereits von Besuchen in Heimat- und Freilichtmuseen berichtet. Wir können aber durchaus auch Kunstmuseen mit der Kindergruppe besichtigen. So wissen wir aus unserer täglichen Arbeit, dass das Betrachten von Bildern und das Reden über sie für Kinder viel natürlicher als für Erwachsene ist – Bilderbücher gehören zur Ausstattung unserer Einrichtung; der Spracherwerb vollzieht sich zu einem großen Teil durch die Aneignung von Begriffen beim Sprechen über Bilder. Wir können also leicht das Interesse an einem Museumsbesuch wecken, wenn wir erzählen, dass dort die Bilder viel größer, älter und wertvoller sind bzw. dass Erwachsene in Museen gehen, wenn sie „Bilder" betrachten wollen.

Wir müssen uns allerdings auch verdeutlichen, dass ein Kunstmuseum ein für die weitaus meisten Kinder unbekannter Ort ist, dass sie nach einem „abenteuerlichen" Hinweg (Fahrt mit dem Reise- oder Stadtbus, mit der Straßenbahn oder U-Bahn) dort aufgeregt eintreffen und zunächst einmal das ganze Gebäude erkunden wollen. So sollten wir nicht nur mit einer möglichst kleinen und überschaubaren Gruppe (maximal 15 Kinder) starten, sondern auch von Anfang an mehrere Besuche in demselben Museum einplanen. Ferner können wir den Kindern einen bestimmten „Forschungsauftrag" geben – also beispielsweise zu ermitteln, auf welchen Gemälden Kinder abgebildet sind und welche Kleidung sie tragen. Auf diese Weise beschränken wir uns automatisch auf einzelne Exponate, die wir dann mit den Kindern betrachten und besprechen können. Insbesondere bei historischen oder religiösen Kunstwerken (Heiligenbilder, Szenen aus griechischen oder römischen Sagen, Schlachtengemälde usw.) müssen wir den Kindern beim Erschließen des Bildinhalts und des weiteren Zusammenhangs helfen. Dies mag voraussetzen, dass wir uns auf den Museumsbesuch gründlich vorbereiten und eventuell zuvor an einer Führung teilnehmen. Auch wird hier deutlich, dass wir im Gespräch über Kunstwerke Kenntnisse aus vielen Wissensbereichen vermitteln können.

Gretel Michelfeit erzählt von Besuchen in der Alten Pinakothek („Bilderhaus") und im Marstallmuseum:

Sobald sich nach Beginn des jeweiligen Kindergartenjahres die „alten" und „neuen" Kinder aneinander gewöhnt haben, führt uns einer der ersten Ausflüge in das „Bilderhaus". Wir wandern um 8.45 Uhr, ausgerüstet mit unserem üblichen Proviant (Gurken und Fladenbrot), zur U-Bahn, um in die Stadt zu fahren. Auf diese Weise gehören wir zu den ersten Besuchern, wenn das „Bilderhaus" aufmacht, und sind auch pünktlich zum Mittagessen zurück.

Es mag wohl ein Aufwand sein, nur mit 12 Kindern wegzugehen, aber er lohnt sich. Man kann ohne weiteres ein Problemkind mitnehmen. Auch kann man viel lockerer mit den Kindern umgehen und gut auf sie eingehen. Wir bleiben auch nie zu lange. Wenn es den Kindern am besten gefällt, machen wir uns auf den Heimweg. Ich finde, ein Ausstellungs- oder Museumsbesuch soll Spaß machen, nicht ermüden und die Kinder zur Wiederholung anregen. Wenn unsere Kindergartenkinder hören, dass wir wieder in das „Bilderhaus" fahren wollen, sind sie ganz begeistert dabei, und einige Ältere sagen: „Ah, da waren wir ja, wo das Bild vom König ist, der Bilder für uns gesammelt hat."

In der Pinakothek angekommen, stärken wir uns in der großen Eingangshalle. Die Kinder bestaunen die Gemälde an den Wänden. Dann machen wir uns auf den Weg nach oben. Das riesige Treppenhaus fasziniert uns sehr. Auch in diesem Jahr wollen wir Bischöfe suchen, die wie der Hl. Nikolaus aussehen. In den Jahren vorher gingen die Kinder gerne auf die Suche, und schon bald kam eines von ihnen und führte uns zu einem Bild mit einem Bischof, mal war es der Hl. Mauritius, mal ein Nikolaus. Aber diesmal fasziniert sie eine Kreuzigungsszene, und sie erzählen, diskutieren miteinander und können sich von dem Bild gar nicht trennen. Als Nächstes entdecken sie ein Bild mit der Geburt Christi und vielen, vielen kleinen Engeln. Auch dieses Bild wird ausgiebig besprochen. Ich versuche, sie eindringlich an den Bischof Nikolaus zu erinnern, finde jedoch kein Gehör.

Die Kinder suchen sich das nächste Kreuzigungsbild und haben viel Mitleid mit dem „Herrn Jesus", der mit Nägeln an das Kreuz geschlagen war. Die nächste Station ist wieder ein Bild von der Geburt des Christkindes im Stall. Als sie sich endlich von den Kreuzigungen und Geburtsbildern trennen können, versuche ich es mit der Suche nach einem Gemälde, auf dem ein schöner Engel ist. Dieses Mal habe ich Glück. Die Kinder marschieren los, und wir treffen uns im nächsten Saal vor dem Verkündigungsengel von Filippo Lippi. Die Kinder setzen sich auf dem Boden, und wir erzählen uns gegenseitig, was auf dem Bild alles zu sehen ist. Beim Zurückgehen wage ich noch einen letzten Versuch mit „meinem" Nikolaus – erfolglos.

Mit der zweiten und dritten Gruppe ergeht es mir ähnlich. Der Hl. Nikolaus ist in diesem Jahr kein religiöses Thema für unsere Kinder, dafür aber die Geburt und die Kreuzigung Christi und Engel, Engel, Engel. Im Kindergarten entstehen beim Malen wunderschöne Engel – auf Goldpapier gemalt oder auf weißem Grund mit viel Gold verziert, weil Engel ja so schöne Heiligenscheine haben. Der Nikolaus ist auch beim Malen kein Thema. Dammla aus der Türkei malt mit Hingabe eine Kreuzigungsszene nach der anderen.

Im Januar oder Februar ist unser Ziel das Marstallmuseum im Schloss Nymphenburg. Da gibt es herrliche Schlitten mit großen Pantoffeln als Fußwärmer für die Kutscher und wunderbare Kutschen mit riesigen Rädern. In den Jahren vorher malten die Kinder nach den Besuchen (viele Wochen später, selten gleich) die herrlichsten Nikolausschlitten mit Hirschen, Rehen oder Pferden als Zugtiere. Diesmal haben wir an unserem Ausflugstag ein richtiges „Königswetter". Am frühen Morgen hat es zwar geregnet, als wir aber aus dem Museum kommen, scheint die Sonne. Die Graugänse, Enten und Schwäne bevölkern das Wasser vor dem Schloss. Die Kinder schauen fasziniert dem Getier zu. Plötzlich ruft Matthias: „Schau, schau, wie der wunderschöne Engel in dem Bilderhaus!" Ein Schwan hat sich hoch aufgerichtet, seine großen schneeweißen Flügel ausgebreitet und geschüttelt. Ja, wie Filippos Engel.

Ines entdeckt am Boden eine weiße Feder mit Regentropfen darauf. Als sie die Feder in die Sonne hält, glitzern die Tropfen wie Perlen. Die Kinder beginnen, Federn zu sammeln, sie wollen die Perlen retten, was ihnen leider nicht gelingt. Mit Federsträußen reich beschenkt, dem Erlebnis „Schwan – Engel" und dem Wunsch, in einem der schönen Schlösschen im Rondell zu wohnen, fahren wir zurück. Ich bin mit meinem Schicksal versöhnt. Die Kinder haben mir deutlich gezeigt, dass es nicht immer Nikolaus und mein Wille sein muss. Es gibt dafür Engel im Schlitten.

Annemarie Poppek (1980), Leiterin des Kindergartens St. Marien in Untereschbach, ließ sich auch durch eine Entfernung von 20 Kilometern nicht davon abschrecken, jedes Jahr mehrmals mit Kindern kunst- und kulturhistorische Museen in Köln zu besuchen. Dabei wurde die Gruppe immer von einigen Müttern begleitet, die wie die Kinder und Erzieherinnen viel von den Museumsbesuchen profitierten. Nach der Rückkehr malten die Kinder Bilder von St. Georg und dem Drachen (sie hatten faszinierende Holzplastiken gesehen), stellten Seifenschnitzereien nach der Betrachtung von Elfenbeintäfelchen her, bastelten „Weihrauchgefäße" aus Joghurtbechern und machten Hinterglasmalereien mit Plakafarben. Ihre Eindrücke spiegelten sich im Rollenspiel und in Kinderfesten wider.

Ein Museumsbesuch kann auch mit der Zielsetzung erfolgen, das Museum als Institution kennen zu lernen. Dies geht natürlich nur, wenn entsprechende Absprachen mit dem Museumspersonal getroffen wurden. Am Besuchstag erkundet dann die Kindergruppe die Räume einschließlich der Werkstätten, Magazine und Depots, erfragt die Herkunft der Ausstellungsobjekte, erkundigt sich nach der Funktion der Messgeräte und Luftbefeuchter und interviewt die Mitarbeiter/innen bezüglich ihrer Ausbildung und ihres Tätigkeitsfeldes.

Schließlich kann ein Museumsbesuch dazu führen, dass die Kinder eine eigene Ausstellung organisieren wollen. Die aufgrund des Museumsbesuchs entstandenen Arbeiten oder andere Bilder und Plastiken werden an Wände gehängt oder auf frei geräumte Regale platziert, sodass sie von Eltern, Kindern und Erzieher/innen bewundert werden können. Diese Aktivität kann natürlich noch weiter ausgestaltet werden: So können die Kinder ein eigenes „Museum" einschließlich eines „Fördervereins" gründen, die Exponate beschriften (lassen) und fachmännisch anordnen, Werbeplakate erstellen und schließlich das Museum „offiziell" eröffnen – mit Kassenpersonal, Wärtern und Museumsführern.

Neben Museen kann die Gruppe Künstler in ihren Ateliers, Bildhauer in ihrer Werkstatt, Jugendkunstschulen oder Töpfereien besuchen. Aber auch ein Konzertbesuch kann Kinder begeistern – bei einer Orchesterprobe darf sogar geflüstert werden, ohne dass andere Zuhörer/innen gestört werden. Ein besonders aufwändiges Projekt führte der Kindergarten St. Nikola in Passau durch. Claudia Matheisl berichtet:

Unsere Kinder werden auf verschiedene Weise mit Musik konfrontiert: durch Radio und Fernsehen, Schallplattenspieler, CD-Player, Kassettenrecorder und Straßenmusikanten. Musik hat auch im Kindergarten einen festen Platz: Lieder werden gesungen und mit Orff-Instrumenten begleitet.

Im Rahmen unseres Projekts „Klassische Musik im Kindergarten" wollten wir den Kindern ein Musikinstrument nach dem anderen vorstellen, sie für die Welt der Töne sensibilisieren und ihnen einen Eindruck von Konzertatmosphäre vermitteln. Zugleich sollten sie Menschen kennen lernen, die sich berufsmäßig mit Musik beschäftigen. Die Musiker des Passauer Stadttheaters erklärten sich auf unsere Anfrage hin bereit, zu uns in den Kindergarten zu kommen.

Vor unserer Konzertreihe erhielt jedes Kind ein eigenes Abo-Heft mit Eintrittskarten, auf denen das Instrument abgebildet war, das bei dem jeweiligen Konzert vorgestellt wurde. Durch Geschichten, Bilder und Ausschnitte aus verschiedenen Musikstücken wurden die Kinder auf die einzelnen Konzerte eingestimmt. Blumenschmuck, Sitzreihen und das Abstempeln der Eintrittskarten trugen zu einer fast richtigen Konzertatmosphäre bei. Nacheinander wurden den Kindern die Instrumente Horn, Gitarre, Hackbrett, Violine, Akkordeon, Flöte, Zither, Posaune, Saxophon und Trompete vorgespielt.

Beispielsweise hatten sich zum ersten Konzert Kinder aus allen vier Gruppen und einige interessierte Eltern im Hörsaal der benachbarten Fachakademie für Sozialpädagogik versammelt. Ein Gong signalisierte den

Beginn des Konzertes, und ein Hornist des Passauer Stadttheaters betrat den Raum. Er erzählte von seinem Musikinstrument und erklärte, wie es funktioniert. Zur Verdeutlichung hatte er einen Trichter, ein Schlauchstück und ein Mundstück mitgebracht, und einige Kinder durften dieses „Gartenschlauch-Instrument" ausprobieren. Dann war es endlich so weit: Der Musiker spielte auf dem Horn einige Tonfolgen, Kindermelodien und zum Schluss ein klassisches Stück von W.A. Mozart. Die Kinder bedankten sich bei ihm mit einem kräftigen Applaus, einer selbst gestalteten Urkunde und einem gebackenen Notenschlüssel.

Den Abschluss unserer Konzertreihe bildete ein Konzert mit einer Opernsängerin. Wir hatten dazu die Journalistin Annette Kerber eingeladen. Aus ihrem Bericht in der „Passauer Neuen Presse" möchte ich noch kurz zitieren: *„Gespannte Stille herrschte, als die in weiße Rüschen gekleidete, wie eine große Puppe anmutende Sängerin Miyase Kaptan mit abgehackten Bewegungen hinter dem Vorhang hervortrippelte und begann, die Arie der Olympia aus ‚Hoffmanns Erzählungen' zu singen. Plötzlich jedoch fing der Gesang an, merklich langsamer zu werden, schließlich zu leiern und dann ganz zu versiegen. Ein überdimensional großer Schlüssel aus Pappe half der abgelaufenen ‚Aufziehpuppe' unter großem Gelächter wieder auf die Sprünge, und die Arie konnte glücklich beendet werden.*

Von märchenhafter Anmut einer Puppe in ein Aschenputtel verwandelt, das in Sack und Asche gekleidet war, setzte sodann Miyase Kaptan, begleitet von Karin Bauer am Klavier, zum ‚Lied des Aschenputtels' aus ‚La Cenerentola' an. Da mussten die Kinder schon einmal auf die Stühle steigen, um sich nichts von dem wie ein Theaterstück gestalteten Geschehen entgehen zu lassen...

Kaum zu unterscheiden von einem lebendigen Tier war das ‚Miau' aus dem ‚Duett der zwei Katzen', unterstrichen von zwei verkleideten Mitarbeiterinnen, die auf geschmeidigen Tatzen durch den Zuschauerraum schlichen...

Zumindest in den zwanzig Minuten des Konzerts waren alle so aufmerksam, dass die Veranstalter sehr zufrieden sein konnten. Wer kann auch wegschauen oder -hören, wenn die ‚Elisa' aus ‚My fair Lady', mit einem weißen Nachthemd und Haube bekleidet, sich immer wieder störrisch aus den Laken ihres Himmelbettes strampelt, weil sie noch nicht schlafen will und ‚Ich hätt' getanzt heut nacht', anstimmt. Das findet wohl das Verständnis eines jeden Kindergartenkindes, wenn es an den abendlichen Kampf um das Zubettgehen oder Aufbleiben denkt.

Um sich für die schöne Aufführung zu bedanken, durfte jedes Kind der Sängerin am Schluss unter großem Applaus eine weiße Rose überreichen. Dieses Abschlusskonzert wird sicherlich noch lange als lebendige Erinnerung in den kleinen Köpfen bewahrt bleiben. Die Bewunderung für Miyase Kaptan hat ein Kind sogar schon auf einem Bild festgehalten, das die Sängerin darstellt."

Einige Zeit später vereinbarten wir mit der Dramaturgin des Südostbayerischen Städtetheaters in Passau, Frau Katrin Möller, einen Besuchstermin, bei dem die Kinder einen kleinen Einblick in die Theaterwelt bekommen sollten. Pünktlich um 9.30 Uhr fanden wir uns am Haupteingang ein. Frau Möller begrüßte uns und führte uns an der Kasse vorbei ins Theaterfoyer. Nach einer kurzen Einführung in die Geschichte des Hauses schauten wir uns die Besuchergarderobe und das Foyer genauer an. Die Kinder entdeckten einen Bildschirm, auf dem man das Geschehen auf der Bühne verfolgen konnte. Auch schauten wir uns den Eingang für Rollstuhlfahrer an. Weiter ging es in den Zuschauerraum. Die Kinder zogen Vergleiche mit einem Kino. Nach einem Blick in den Orchestergraben gingen wir direkt auf die Bühne.

Wir hatten Glück: Gleich sollte die Probe zum Musical „Chicago" beginnen. Ein freundlicher Bühnenarbeiter zeigte uns verschiedene Lichteffekte. Der eiserne Vorhang wurde heraufgezogen, und auf einem Lüster erstrahlten plötzlich die Kerzen. Die Wartezeit bis zum Beginn der Probe überbrückten wir mit einem Besuch in der Theaterschneiderei. Die Kinder verglichen Kostümzeichnungen mit den fertigen Objekten auf den Figurinen.

Endlich war es so weit: Durch das Fürstenzimmer gelangten wir direkt auf den 1. Rang. Nach anfänglichen Schwierigkeiten mit den Theaterstühlen fanden alle einen Platz. Wir konnten die Musiker im Orchestergraben beobachten und hörten dann zwei Stücke aus dem Musical „Chicago". Zum Abschluss gab es noch ein Gruppenfoto mit Frau Möller. Nach der Rückkehr in den Kindergarten zeichneten die älteren Kinder „ihre" Bühnenbilder.

Natürlich können Sie im Rahmen eines solchen Projekts die Kinder auch mit Oper, Operette, Musical, Jazz oder Kammermusik bekannt machen. Dann werden Sie feststellen, dass z.B. Mozarts „Zauberflöte" schon auf Kleinkinder einen großen Reiz ausüben kann. Oder haben Sie schon einmal daran gedacht, in Ihrer Kindertageseinrichtung ein eigenes Theaterstück einzustudieren? Die Kinder werden begeistert Kulissen basteln, Kostüme gestalten und ihre Rollen üben. Vergessen Sie nicht, auch Bühnenarbeiter und Beleuchter auszuwählen!

Selbstverständlich können Sie mit den Kindern auch ein Marionetten- oder Puppentheater basteln. Wenn Sie die Bühne, die Bühnenbilder und die Puppen selbst herstellen und das jeweilige Stück mit den Kindern selbst entwickeln, wird daraus schnell ein langfristiges Projekt. Auch hier gilt es, möglichst alle interessierten Kinder zu beschäftigen – z.B. können sie die Begleitmusik spielen, Hintergrundgeräusche machen oder die Kulissen schieben.

Wenn Sie selbst mit einer Videokamera umgehen können oder einen interessierten Elternteil finden, können Sie mit Ihrer Gruppe einen Videofilm drehen. Wird z.B. ein „Jahr im Kindergarten" dokumentiert, gewöhnen sich die Kinder schnell an die Kamera. Dann können Sie kleine Reportagen drehen – im Geschäft an der Ecke oder im Gemeindezentrum. Natürlich lassen sich auch kurze Spielfilme herstellen, wobei Sie auf eine einfache Handlung achten und möglichst viele Kinder einbeziehen sollten. Die Filme können Sie dann anderen Gruppen, an einem Elternabend oder im „Elternkino" (mit oder ohne Eintrittsgebühr) zeigen.

Kinder sind daran interessiert zu erfahren, wie Zeitungen, Zeitschriften und Bücher entstehen – schließlich sind dies Medien, mit denen sie tagtäglich konfrontiert werden. Carmen Wagner berichtet von einem Besuch bei der „Passauer Neuen Presse":

Unsere Kinder malen gerne auf großen Papierbögen. Hierzu stehen uns etliche Rollen Zeitungsmakulatur zur Verfügung, die den Kindern jederzeit zugänglich sind. Eines Tages fragten mich Kinder, woher diese Rollen kämen. Ich erzählte, wir hätten sie von der „Passauer Neuen Presse" erhalten, und so entstand schnell der Wunsch, Redaktion und Druckerei zu besichtigen. Der Vater eines unserer Kinder, der dort arbeitet, vereinbarte für uns einen Besuchstermin.

So standen wir einige Tage später mit den älteren Kindern vor den Türen der „Passauer Neuen Presse" – wir hatten nur die Kinder mitgenommen, die nächstes Jahr eingeschult werden, da Vieles für jüngere Kinder unverständlich geblieben wäre. Eine Mitarbeiterin führte uns dann durch die verschiedenen Abteilungen: Beispielsweise konnten wir vom so genannten Leitstand aus die Offset-Druckmaschinen, die Transportbänder und den automatischen Papierrollenwechsler anschauen. Wir warfen einen Blick in das Papierlager, wo wir auch die uns bereits bekannte Makulatur vorfanden. In der Setzerei konnten wir beobachten, wie mit montierten Filmen die Druckplatten belichtet wurden. Das Fotolabor durften immer nur zwei oder drei Kinder nacheinander betreten. Sie wurden dort fotografiert, was sie sehr faszinierte. In der Expedition sahen wir, wie die Zeitungen verpackt, adressiert und auf Lastwagen geladen wurden.

Schließlich besuchten wir noch die Zeitungsredaktion. Hier wurde uns an einem Computer gezeigt, wie Texte erfasst werden und wie ein Umbruch aussieht – die Zeitungsseiten werden am Bildschirm gestaltet, wobei auch entschieden wird, wo Überschriften hinkommen, wie groß diese werden sollen und wo Platz für Fotos bleiben soll. Im Gespräch mit den anwesenden Journalisten lernten wir, Reportagen, Meldungen und Kommentare zu unterscheiden.

Dieser Besuch bei der „Passauer Neuen Presse" prägte die folgenden Wochen in unserem Kindergarten. So richteten wir im Gruppenraum eine „Büro-Ecke" ein, mit Schreibmaschine, Papier, Stiften, Locher, Fotos u.a. Auch malten wir Bilder über den Besuch für die Schulanfängermappen sowie ein großes Bild auf Zeitungsmakulatur für den Gruppenraum. Wir falteten aus Zeitungspapier Schiffe und Hüte oder machten aus ihm einen Becher, an dem wir einen Korken mit einem 20 bis 30 cm langen Bindfaden befestigten – der Korken wurde dann in die Luft geworfen und musste mit dem „Becher" aufgefangen werden. Und besonders viel Spaß machte den Kindern, selbst Papier zu schöpfen.

Ein solches Projekt kann dazu führen, dass die Kinder einmal selbst eine Ausgabe der Kindergartenzeitung übernehmen wollen. Sie machen Reportagen („Opa Georg erzählt von früher"), interviewen den Pfarrer, rezensieren Bücher aus dem Bestand des Kindergartens, geben Freizeittipps (z.B. für Familienausflüge) und berichten von alltäglichen oder besonderen Ereignissen in der Gruppe. Sie diktieren den Erzieher/innen ihre Texte, legen das Layout fest und gestalten die Illustrationen.

Interessant kann auch ein Besuch in einem Kinder- oder Jugendbuchverlag sein. Gerhard Langer (1989) berichtet, dass die Besichtigung des Franz Schneider Verlags in München mit einem Diavortrag über die Entstehung eines Buches mit anschließender Diskussion begann. Eine Teilgruppe lernte anschließend die Produktions- und Lagerräume kennen. Den übrigen Kindern wurden Bücher aus dem Verlagsprogramm vorgestellt. Zum Schluss durfte jedes Kind ein Buch mit dem Aufdruck „Junior-Buchbinder-Meister" auf dem Einband und leeren Seiten selbst binden. Nach der Besichtigung des Verlages kann dann beispielsweise mit der Gruppe ein eigenes Bilderbuch erstellt werden.

2.6 Wirtschaft und Arbeitswelt

Haben Sie schon einmal die Kinder in Ihrer Gruppe gefragt, was ihre Eltern tagsüber an ihrem Arbeitsplatz machen? Warum sie arbeiten müssen? Wo das Geld herkommt, das sie beim Einkaufen ausgeben? Was die Geschäftsleute mit dem Geld machen, das sie für Brötchen, Süßigkeiten oder Kleidungsstücke vom Käufer erhalten? Durch solche Fragen werden wir sehr schnell feststellen, dass die meisten Kinder mit den Berufsbezeichnungen ihrer Eltern wenig anfangen können, dass sie nicht wissen, wie Erwachsene ihren Arbeitstag verbringen, dass sie keine Vorstellung von dem Zusammenhang zwischen Berufstätigkeit und Geldverdienen haben und dass sie einfachste Abläufe in der Wirtschaft noch nicht durchschaut haben. Antworten wie „Mein Papa braucht kein Geld zu verdienen, wir holen es aus dem Automaten" dürfen uns nicht überraschen.

So ist es sinnvoll und für Kinder sehr interessant, wenn wir im Rahmen der Projektarbeit das Thema „Arbeitswelt" aufgreifen. Dabei sollten wir mit dem nahe Liegenden – den Berufen der Eltern – beginnen. Später können wir uns dann mit abstrakteren Fragestellungen wie dem Geldkreislauf befassen (s.u.). Zuerst sprechen wir mit den Kindern darüber, was ihre Eltern für Berufe haben und was sie wohl an ihrem Arbeitsplatz tun. Dabei kann es schon zu den ersten „heißen" Diskussionen kommen: Übt die Mutter, die Hausfrau ist, auch einen Beruf aus, oder nur die Mutter, die halbtags als Friseuse arbeitet? Ist nur bezahlte Arbeit „Arbeit"? Wieso gibt es so genannte Männer- und Frauenberufe?

Erste Bilder entstehen. Wir stellen fest, was wir alles nicht über die Berufstätigkeit der Eltern wissen, und sammeln Fragen im Hinblick auf die Informationen, die wir noch haben möchten. So wird unsere Motivation immer größer, Eltern über ihre Arbeit zu interviewen und vielleicht sogar an ihrem Arbeitsplatz zu besuchen. Damit sind zwei Alternativen vorgezeichnet, wie wir weiter vorgehen können.

Wenn wir Eltern in unsere Gruppe einladen, ist dies eine gute Chance, solche auszuwählen, die bisher im Rahmen unserer Elternarbeit kaum erreicht werden konnten. Auch sollten wir etwa gleich viele Mütter wie Väter einladen. Im Vorgespräch mit den Eltern (Telefonat) bitten wir sie, ihren Beruf auf möglichst interessante und kindgemäße Weise vorzustellen, Werkzeug, Arbeitsmaterialien oder Endprodukte mitzubringen, den Kindern viel Raum für Fragen zu lassen und diese möglichst kurz zu beantworten. Im Vorgespräch mit den Kindern fragen wir sie, was sie über den jeweiligen Beruf bereits wissen und was sie alles interessiert.

Besuchen wir Eltern an ihrem Arbeitsplatz, sind ähnliche Vorbesprechungen wichtig. Dabei muss auch geklärt werden, wie viel Kinder mitkommen können, ob eine Betriebsbesichtigung möglich ist und ob die Kinder vor besonderen Gefahrenquellen gewarnt werden müssen. Natürlich suchen wir am ehesten Arbeitsplätze aus, wo es für Kinder viel zu sehen gibt und wo wir mit vielen spontanen Fragen rechnen können. Besuchen wir z.B. einen Handwerksbetrieb, so gibt es viele Werkzeuge und Maschinen zu betrachten. Der Elternteil kann sie uns erklären und ihre Benutzung demonstrieren. Auch können wir oft den Entstehungsprozess von Produkten verfolgen. Besuchen wir einen Elternteil, der als Zahnarzt arbeitet, kann dieser den Kindern etwas die Angst vor Zahnarztbesuchen nehmen, ihnen erklären, wieso Zähne „krank" werden und was er dann mit ihnen macht, und vielleicht noch die Kinder zum richtigen Zähneputzen anhalten. Wollen wir Kindern Büroberufe verdeutlichen, so ist der Besuch bei einem Standesbeamten (siehe Kapitel 2.3) sicherlich erfahrungsreicher als der Besuch bei einer Finanzbeamtin, können die Kinder bei dem Besuch einer Großhandelskauffrau noch Lagerräume, Gabelstapler, das Verladen von Waren u.Ä.

102

anschauen, während der Besuch bei einem Bürokaufmann in einem Versicherungsbüro eher erlebnisarm sein dürfte.

Die bei den Interviews in der Gruppe oder am Arbeitsplatz gesammelten Informationen über die Berufe der Eltern können dann kategorisiert werden. So arbeiten wir mit den Kindern die Unterschiede zwischen geistiger und körperlicher Arbeit oder den Berufsgruppen der Arbeiter, Handwerker, Angestellten und Freiberufler heraus. Wir lassen die Kinder auf großen Papierbögen (Wandzeitungen) die Geräte oder Materialien malen, mit denen ihre Eltern arbeiten. Auch besprechen wir mit ihnen, auf welche Weise ihre Eltern an ihren Arbeitsplatz kommen und wo sie zu Mittag essen. Schließlich können wir die Rollenspielecke immer wieder umgestalten, sodass verschiedene Berufe und Arbeitsprozesse nachgespielt werden können. Manchmal entstehen sogar Anschlussprojekte – eine Mutter, die in einer Töpferei arbeitet, bietet kostenlos einen Kurs im Tonen für die Fünfjährigen an, eine Sprachlehrerin erklärt sich bereit, den Kindern auf spielerische Weise einige Englischkenntnisse zu vermitteln, ein Vater, der als Schreiner arbeitet, baut mit den Kindern eine Hütte auf dem Außengelände der Kindertageseinrichtung.

Natürlich müssen es nicht immer nur Eltern sein, die wir an ihrem Arbeitsplatz besuchen. So können wir beispielsweise den Pfarrer einige Stunden lang begleiten und beobachten – bei Besprechungen, Hausbesuchen oder der Vorbereitung eines Gottesdienstes. Wir können eine Schreinerei besichtigen und zum Schluss des Rundgangs den Meister um Holzabfälle, Hobelspäne und Sägemehl bitten. Damit basteln die Kinder später z.B. eine Tischlerwerkstatt (ähnlich einer Puppenstube) und Marionetten oder machen Bilder mit unterschiedlich gefärbtem Sägemehl. Auch vergleichen wir verschiedene Holzarten nach Farbe, Maserung und Gewicht (gleich große Täfelchen können entweder gekauft oder z.B. in einer Berufsschule ausgeliehen werden). Bei Kindern immer beliebt ist der Besuch in einer Bäckerei, wo sie die großen Teigrührmaschinen und Backöfen bestaunen können. Aber auch die Besichtigung einer Bank oder Sparkasse kann interessant verlaufen, wenn sich die Kinder im Schalterraum umsehen, in den Tresorraum hineinblicken und mit mehreren Beschäftigten sprechen dürfen. Oft kann dies mit der Erledigung von Bankgeschäften oder der Vorstellung ausländischer Währungen verbunden werden.

Ein sehr abwechslungsreiches Projekt zum Thema „Unsere Schuhe begleiten uns überall hin..." wurde vom Kindergarten St. Nikola in Passau durchgeführt: Die Kinder besuchten ein Schuhgeschäft und einen orthopädischen Schuster. Mit alten Schuhen, die die Eltern mitbrachten, entstand ein „Schuhladen" im Rollenspielbereich der Einrichtung. Auch wurde geübt, wie man Schuhe putzt – und die neu erworbenen Fertigkeiten wurden zur Abholzeit gleich an den Schuhen der Eltern demonstriert. Mit Hilfe von Sachbüchern und Katalogen gewannen die Kinder einen Eindruck davon, wie Schuhe früher aussahen, welche Schuhformen es gibt, wozu verschiedene Arten von Schuhen (Gummistiefel, Lackschuhe, Holzsandalen usw.) benutzt und welche Verschlüsse verwendet werden (Schuhbänder, Klettverschluss, Reißverschluss usw.). Ferner wurden die Schuhe der Kinder z.B. nach Größe oder Gemeinsamkeiten sortiert und dann wieder jedem einzelnen Kind zugeordnet. Die Kinder übernahmen Sprechrollen für ihre Schuhe und ließen diese erzählen, welche Wege sie gegangen sind und was sie erlebt haben. Auch wurden Riesenschuhe aus Schachteln gestaltet, und Eltern führten ein „Schuhtheater" vor.

Claudia Matheisl berichtet weiter:

Zum Abschluss unseres „Schuhprojektes" planten wir einen Besuch bei einem Schuster in der Nähe unseres Kindergartens. Ausgerüstet mit einem vereinfachten Stadtplan und einem Foto des Ladenschildes erhielten die „Schulanfänger" den Auftrag, die Schusterwerkstatt ausfindig zu machen. Nach einem kurzen Fußmarsch verriet uns das Schaufenster der Werkstatt, dass wir unser gesuchtes Ziel erreicht hatten. Beim Betreten des Ladens kam uns der Geruch von Leder und Leim entgegen.

Schuhmachermeister Sonnleitner erwartete uns bereits. Er zeigte uns verschiedene Schuhe, bei denen Absätze zu reparieren oder Sohlen zu ersetzen waren. Dann erzählte er, dass sich manche Kunden Schuhe nach Maß anfertigen lassen. Anhand verschiedener Werkstücke wurden die einzelnen Arbeitsschritte verdeutlicht. Interessiert betrachteten die Kinder auch die Regale mit Schuhbändern, Bürsten und Pflegemitteln. Sie erhielten wertvolle Tipps zur Schuhpflege.

Als eine Kundin den Laden betrat, erlebten die Kinder, wie reparierte Schuhe bezahlt und abgeholt werden. Nach einem Gruppenfoto verabschiedeten wir uns von Herrn Sonnleitner und traten den Rückweg zum Kindergarten an. Dabei drehten sich unsere Gespräche um kaputte Schuhe, Schuhmacher und Schuhpflege. Im Kindergarten entstanden dann viele Bilder – und eine Mutter erzählte mir eine Woche später, dass der sechsjährige Tobias seit unserem Ausflug darauf bestehe, seine Schuhe selbst zu putzen...

Immer wieder faszinierend für Kinder sind der Besuch auf einer Baustelle und die Beobachtung des Baufortschritts. Sylvia Maria Fenzl berichtet:

Etwa 300 Meter von unserem Kindergarten entfernt befindet sich neues Bauland. Auf unseren Spaziergängen konnten wir verfolgen, wie die Grundstücke abgesteckt, die Baumaschinen und Baumaterialien antransportiert, die Straßen und Bürgersteige angelegt und schließlich die Häuser gebaut wurden. Besonders genau beobachteten wir die Vorgänge auf den Baustellen von zwei Kindergartenfamilien. Die Kinder berichteten uns immer, wenn es wieder etwas Wichtiges zu sehen gab, z.B. wenn der Dachstuhl aufgesetzt wurde.

Besonders eindrucksvoll konnten wir das Entstehen von Patricks Haus miterleben, das, nachdem die Kellerräume betoniert waren, in Fertigbauweise erstellt wurde. Wir konnten aus sicherer Entfernung von einem freien Platz aus beobachten, wie Schwertransporter die Teile des Hauses anlieferten. Wir sahen, wie diese von einem riesigen Kran zusammengefügt, das Dach aufgesetzt und die Fenster eingebaut wurden. Wir staunten nicht schlecht, als das Haus innerhalb von zwei Tagen fertig gestellt war.

Im Oktober des vergangenen Jahres wurde mit den Bauarbeiten für das neue Kindergartengebäude begonnen. Das Gebäude sollte auf der Grünfläche entstehen, die zur Außenanlage des alten Kindergartens gehörte. Da die Grünfläche bei den Kindern zum Herumtollen sowie zum Entdecken und Aufgraben von Maulwurfsgängen sehr beliebt war, waren sie – obwohl sie bereits vom bevorstehenden Bau des neuen Kindergartens wussten – etwas bestürzt, als eines Tages Bauarbeiter den Zugang zu der beliebten Wiese durch das Erstellen eines riesigen Bauzaunes unmöglich machten. Mit dem Architekten wurde dann vereinbart, dass kindgerechte Sichtfenster in die Wand eingeschnitten werden, sodass die Kinder die Vorgänge auf der Baustelle beobachten konnten.

Noch bevor mit den Bauarbeiten begonnen wurde, hatte mir das Bauamt der Gemeinde das vom Architekten angefertigte Modell des Gebäudes überlassen, sodass es den Kindern und den Eltern vorgestellt werden konnte. Das Modell verblieb zur Ansicht im Kindergarten, und die Kinder begannen nun ihrerseits, Modelle aus Papier und Pappe sowie Gebäude auf dem Bauplatz des Gruppenraums zu kreieren. Besonders beeindruckend war das Bauwerk von Cornelia, Stefanie und Daniela, das für mich ein großes Büro vorsah – mit allem, was sie für ein Büro als notwendig erachteten, u.a. ein Fernsehgerät und einen Stoff-Teddy. Außerdem hatte das Haus eine Innenbeleuchtung: unsere Taschenlampe.

Den Architekten hatte ich an einem Vormittag zu uns in den Kindergarten eingeladen. Er erzählte von seiner Funktion und erläuterte uns die von ihm gefertigten Baupläne, die ausgehängt wurden. Des Weiteren informierte er uns, wie die Abläufe auf der Baustelle vor sich gehen, welche Arbeiter beteiligt sein und welche Materialien verwendet werden würden. Vertieft wurde das Ganze im Rahmenplan mit einer Einheit „Unser neuer Kindergarten entsteht".

Nachdem ich den Kindern erzählt hatte, dass an einem Nachmittag der „erste Spatenstich" stattgefunden habe und nun mit dem Bau angefangen würde, begannen wir, die Vorgänge auf der Baustelle genau zu beobachten: Flächen wurden ausgemessen und abgesteckt, Erde wurde mit dem Bagger ausgehoben und mit Lastwagen weggefahren, ein imposanter Baukran wurde aufgestellt, Fundamente und Kellerräume wurden betoniert, Ziegel für das Mauerwerk geliefert.

Als der Rohbau stand, konnten die Kinder, nach Absprache mit dem Architekten, zum ersten Mal durch das Gebäude gehen. Die Größeren waren sehr beeindruckt vom Hantieren der Arbeiter, die wir bei ihrer Arbeit so wenig wie möglich beeinträchtigen sollten (das war eine der Regeln für die Besichtigung unserer Baustelle) – außer wir hatten sehr wichtige Fragen. Diese wurden meist recht ausführlich beantwortet. Die Kleineren staunten über die Ausmaße des Gebäudes. Da aber gar keine für Kinder geeigneten Materialien vorhanden waren, hatten einige sichtlich Mühe mit der Vorstellung, dass man hier einmal richtig spielen werden könne.

Als der Dachstuhl aufgesetzt und der Firstbaum angebracht war, lud der Bürgermeister zum Richtfest ein. Für die Kindergartenkinder gab es ein eigenes Richtfest. Sie durften beim Wirt ein Gericht ihrer Wahl vorbestellen. Nach kurzer Diskussion waren sie sich bereits einig: Es sollte Pommes, Wiener Würstel, viel Ketchup und dazu reichlich Limonade gehen. Also machten wir uns auf den Weg zum Wirt und bestellten das Essen. Am nächsten Tag holte uns der 1. Bürgermeister, Herr Gnan, persönlich im Kindergarten ab und geleitete uns zum Gasthaus, wo wir beim gewünschten Menü ein fröhliches Richtfest feierten. Natürlich kam auch ein Foto vom Richtfest in die örtliche Tageszeitung. Es wurde ausgeschnitten und an der Pinnwand angebracht, die sich beim Gemeinschaftsplatz in der Gruppe befindet.

Wir machten noch viele Besichtigungen und konnten die Handwerker (Installateure, Bodenleger, Fliesenleger, Maurer, Maler, Schreiner) bei ihren verschiedenen Tätigkeiten beobachten und mit ihnen sprechen. Man konnte dabei aus dem zufriedenen Gesichtsausdruck und den anerkennenden Bemerkungen der Kinder (z.B. „saustarke" Fliesen) schließen, dass die Gestaltung ihren Vorstellungen voll entsprach.

Als das Gebäude fertig gestellt war, wurde der Außenbereich angelegt. Christians Vater, der Baggerfahrer ist, schob einen Hügel für uns auf (sehr wichtig, da es in unserer flachen Landschaft kaum Bodenerhebungen gibt, z.B. zum Schlittenfahren). Gemeinsam mit der Gartenbauingenieurin durften die Kinder den Hügel auf seine Eignung und seinen Aufforderungscharakter hin testen. Es wurden Schaukeln, eine Wippe und schließlich die Spielanlage mit Turm, Rutsche, Wackelsteg, Hängebrücke usw. aufgebaut. Es war alles vorhanden, was die Kinder sich so sehr gewünscht hatten. Als der Sandplatz gefüllt wurde, durften die Kinder gemeinsam mit den Arbeitern den Sand verteilen. Von der Gartenbauingenieurin erhielten wir als Geschenk noch einen großen Korb mit Blumenzwiebeln, die unter ihrer Anleitung von den Kindern gesteckt wurden.

Inzwischen sind wir in den neuen Kindergarten eingezogen. Beim Umzug haben die Kindergartenfamilien tatkräftig mitgeholfen: Ein Vater, der im Bauhof arbeitet, kam mit einem Lastwagen, mit dem wir die Möbel transportierten, eine Mutter beförderte mit dem Frontladertraktor Kisten, Matratzen usw. Die restlichen Sachen wurden per Schubkarren herübergefahren.

Während bei diesem Projekt oder bei den zuvor beschriebenen Besuchen bei Handwerkern, Ärzten und anderen Berufsgruppen Arbeitsvorgänge und die Entstehung von Produkten mit den Sinnen verfolgt und somit relativ leicht verstanden werden konnten, ist dies bei Abläufen in der Wirtschaft nicht der Fall. Jedoch können wir Kindern im Rahmen von Projekten zumindest rudimentäre Kenntnisse z.B. über den Geldkreislauf, den Handel oder die Werbung vermitteln. Zunächst überlegen wir gemeinsam, wie Erwachsene an Geld kommen, wofür sie es ausgeben und was die Empfänger dann mit dem Geld machen. In der Regel werden wir im Gespräch nicht allzu weit kommen, und so sind einige Ausflüge angezeigt: Wir gehen in einem Geschäft einkaufen und fragen dann den Besitzer, was er mit dem eingenommenen Geld macht. Er antwortet, dass er es für neue Ware, Löhne, Pachtzahlungen und seinen eigenen Lebensunterhalt benötigt. Von dem Geld, das er seinen Mitarbeiter/innen zahlt, können diese ihre Wohnungsmieten bezahlen und in seinem oder anderen Geschäften einkaufen gehen. Dann erkundigen wir uns, ob er für die neue Ware genauso viel bezahlt, wie er von uns verlangt. Dies ist natürlich nicht der Fall, und so lernen wir, wie wichtig der Gewinn ist.

Jetzt können wir der Frage nachgehen, wo denn die Ware herkommt, die im Geschäft verkauft wird. Handelt es sich z.B. um Obst oder Gemüse, so fahren wir mit den Kindern zu einem Großmarkt und schauen uns den Betrieb an. Dabei stellen wir fest, dass die Ware dort wirklich billiger als in unserem Geschäft ist. Durch Nachfragen erfahren wir, dass die Großhändler den Landwirten noch weniger Geld geben und von ihrem Gewinn z.B. die Pacht für ihren Stand, ihre Lastkraftwagen und deren Fahrer bezahlen müssen. Wir können uns dann leicht vorstellen, dass Waren umso teurer werden, durch je mehr Hände sie gehen (je mehr sie veredelt werden), bevor wir sie kaufen.

Wir können aber auch der Frage nachgehen, was der Geschäftsinhaber wohl unternimmt, um besonders viel Ware zu verkaufen oder einen sehr großen Gewinn zu machen. So kommen wir auf das Thema „Werbung". Beim Einkaufen mit den Kindern zeigen wir ihnen z.B. verschiedene Packungen mit Cornflakes und lassen sie dann entscheiden, welche wir mitnehmen sollen. Natürlich werden sie die buntere (und zumeist teuere) Packung wählen. Wir kaufen aber auch die andere Packung und lassen dann die Kinder nach der Rückkehr in die Tageseinrichtung beide Sorten verkosten. In der Regel werden die Kinder keinen größeren Unterschied im Geschmack zwischen beiden Sorten feststellen. Sie erkennen aber, welche Funktion die bunte Verpackung gehabt hat. Wir können dann mit ihnen über Werbesendungen im Fernsehen und Reklame in Zeitschriften bzw. Zeitungen sprechen. Dabei sollten wir nicht vergessen zu fragen, wer wohl für Reklame zahlt und wofür diese Einnahmen wichtig sind – schließlich könnten Medien ohne diese Einkünfte nicht existieren oder müssten viel höhere Gebühren bzw. Preise verlangen.

Vieles von dem, was die Kinder auf diese Weise gelernt haben, kann dann auf das Spiel mit dem Kaufladen übertragen werden. Neben Verkäufer und Käufer werden neue Rollen in das Spiel eingeführt: der Lastkraftwagenfahrer, der Großhändler, der Bauer, der Fabrikant, der Bankangestellte usw. Auch entstehen Werbeplakate, Handzettel und auffällige Verpackungen. Ferner können die Kinder Sammlungen anlegen, z.B. von Rohstoffen und Endprodukten oder von Verpackungen.

2.7 Die Lebenswelt von Senioren

Da in unserer ausdifferenzierten und mobilen Gesellschaft immer seltener (Klein-) Kinder und ältere Menschen zusammenleben, sollte durch Projekte auch der Kontakt zwischen den weit auseinander liegenden Generationen gefördert werden. Es können auf diese Weise Berührungsängste und Vorurteile abgebaut, Toleranz, Verständnis und Solidarität entwickelt, Rücksichtnahme, Höflichkeit und Hilfsbereitschaft vermittelt werden. Die Kinder lernen, mit alten Menschen zu kommunizieren, und erfahren von ihnen viel

Wissenswertes über die Vergangenheit (siehe Kapitel 2.4), die Lebenssituation von Senioren, ihre Bedürfnisse und Probleme. Sie können von ihrer Lebenserfahrung profitieren und viel Spaß mit ihnen erleben.

Ein weiteres wichtiges Ziel der Projekte mit Senioren ist, Kindern Alterungsprozesse zu verdeutlichen. So kann mit ihnen z.B. eine Zeitleiste erstellt werden, die Fotos von Großeltern und Eltern als Kinder, Jugendliche und Heranwachsende zeigt. Mit Hilfe von (historischen) Fotos zu Hausbau, Wohnen, Kleidung und Verkehrsmitteln werden die jeweiligen Zeitabschnitte illustriert. Auch kann mit den Kindern über ihre Großeltern gesprochen und erarbeitet werden, in welchen körperlichen, geistigen und seelischen Veränderungen sich deren Alter zeigt. Hübner und Krüger (1978, S. 107f.) haben Kinder „am eigenen Leib" erfahren lassen, was altersbedingte Behinderungen bedeuten:

„Die Kinder bekamen Kopftücher vor die Augen gebunden und sollten versuchen, andere Kinder zu erkennen. Manchmal – je nach Durchsichtigkeit des Tuches – musste das Kind ganz nah treten, um andere sehen zu können. Als weitere Requisiten wurden Brillen und Lupen gezeigt und auch ausprobiert.

Um nachempfinden zu lassen, was es bedeutet, schwerhörig zu sein, wurde den Kindern eine Geschichte erzählt. Hierbei trugen zwei Kinder jeweils Ohrenschützer. Da sie die Erzählung gern hören wollten, mussten sie sich besonders anstrengen, etwas zu verstehen; hierbei verspürten sie eine echte Behinderung. In diesem Zusammenhang wurden weitere Hilfsmittel zum besseren Hören vorgestellt und ihre Funktion ausprobiert (Hörrohr, HDO, Taschenhörgerät)."

Persönliche Kontakte von (Klein-) Kindern zu Senioren im Rahmen von Projekten können generell zu vier verschiedenen Gruppen hergestellt werden: zu Großeltern, Seniorengruppen, Altenheimbewohner/innen und alten Menschen aus der Nachbarschaft. Bernadette Heiß, Leiterin des Kinder-Familien-Hauses St. Elisabeth in Kareth-Lappersdorf (bestehend aus vier Kindergarten-, einer Hort- und drei Eltern-Kind-Gruppen), beschreibt die Kontakte zu den erstgenannten beiden Gruppen:

Jahrelange punktuelle Zusammenarbeit mit der Seniorengruppe und ein aktuelles Gespräch mit dem Gruppenleiter über unser Projektvorhaben bewirkten die sofortige Kooperationsbereitschaft und die Vereinbarung eines Termins für die erste offizielle Begegnung zwischen unseren Kindern und älteren Menschen. In einer Teambesprechung erfolgte die Ausarbeitung dieses Begegnungstages. Außerdem wurde die frühzeitige Terminankündigung im Elternbrief (für Großeltern der Kinder), im Pfarrbrief und persönlich durch den „Seniorenchef" bei der Seniorengruppe (mit Rückmeldung der Teilnehmerzahl) veranlasst.

Wie wurden nun die Kindergartenkinder für diesen Großelterntag vorbereitet? In Gesprächen über „das eigene Zuhause – die Familie" schilderten die Kinder Wohnort, Häufigkeit der Besuche, Alltagsgestaltung, Hobbys, Kochkünste, Krankheiten und Altenheimaufenthalte der Großeltern sowie ihre Lieblingsbeschäftigung mit ihnen. Zur weiteren Sensibilisierung und Themenvertiefung wurden die Kinder eingeladen, Fotos von Oma/Opa mitzubringen, das Lied „Liebe Oma, lieber Opa" zu lernen, Bilderbücher zu betrachten und Bilder zu malen.

Motiviert von der Idee, die Großeltern zu Besuch kommen zu lassen, brachten die Kinder viele Vorschläge dazu ein, was sie alles vorzeigen und vorführen könnten. So bastelten sie eine Papiermaus als Überraschungsgeschenk und backten Törtchen, Apfelkuchen und einen Gugelhupf (verschieden je nach Gruppe).

Dann war der Großelterntag da: Während der Freispielzeit der Kinder empfing die Leiterin die eintreffenden 48 Senior/innen in der Eingangshalle, gab kurz den Ablauf des Vormittags bekannt, stellte die hinzukommenden Gruppenleiterinnen vor, ordnete mit diesen die Großeltern der Gruppe ihrer Enkelkinder und die restlichen Senior/innen nach Bekanntheitsgrad den vier Kindergartengruppen zu. Jede Gruppenleiterin begleitete dann die ihr anvertrauten Senior/innen zur Gruppe, wo sie von den Kindern individuell und mit Liedern begrüßt wurden.

Nach dieser halbstündigen Begegnung trafen sich die Senior/innen aus allen Gruppen in der Eingangshalle wieder, wo die Leiterin mit der Hausführung begann und im Eltern-Kind-Raum zusammenfassend die Konzeption und vordergründig das Projekt „Generationsübergreifende Kooperation" darstellte. Zwischenzeitlich räumten die Kinder in der Gruppe auf und bereiteten die Kuchentafel vor. Dann wurde gemeinsam das Selbstgebackene verzehrt.

Zum Abschluss trafen sich jeweils zwei Gruppen eines Trakts im Garderobenbereich zu teils bekannten (wie „Brüderchen, komm tanz mit mir") und teils modernen (wie „Flummi-Tanz") Sing- und Tanzspielen, wobei die Großeltern zum Mitmachen aufgefordert wurden. Dann wurden sie mit einem Pralinenmäuschen verabschiedet. Einige Kinder gingen mit den Großeltern oder den hinzugekommenen Eltern nach Hause, andere in den Turnraum bzw. zur Bewegungsbaustelle. Ein Teil der Kinder nahm das Mittagessen ein, andere setzten das Freispiel fort.

Für die Hortkinder wurde ein separater Großelterntag durchgeführt: Selbständig empfingen einige Hortkinder ihre Großeltern am Horteingang und führten sie in den Freizeitraum, wo die restliche Kindergruppe im Stuhlkreis wartete. Nach der gegenseitigen Vorstellung erzählten die Großeltern aus ihren Kindheitstagen, schilderten die damaligen Lebensumstände, ihren bisherigen Lebensweg und den früher ausgeübten Beruf. Diese Gesprächsrunde endete mit einem gemeinsamen „Beruferaten". Bei dem Gesellschaftsspiel „Erde, Wasser, Luft" konnten Großeltern und Kinder nochmals Kontakt aufnehmen.

Während des gemütlichen Beisammenseins im Hausaufgabenraum ergaben sich bei Früchtetee und Stollen noch viele interessante Gespräche zwischen Jung und Alt. Mit dem Lied „Meine kleine Kerze" stimmten die Kinder die Großeltern musikalisch auf die Adventszeit ein und verabschiedeten sich mit einer gebastelten Tischleuchte. Anschließend wurden einige Hortkinder abgeholt, die anderen erledigten ihre Hausaufgaben.

Bei einer Reflexionsrunde im Team wurden die unterschiedlichen Gruppenerfahrungen eingebracht, alternative Kontaktmöglichkeiten für Kinder, deren Großeltern nicht teilnahmen, diskutiert und mit der Planung des zweiten Großelterntages begonnen. Gruppenintern und an verschiedenen Wochentagen sollte eine Lichterfeier angeboten werden. Eine frühzeitige Terminankündigung im Elternbrief (mit Anmeldeschein) ging einer gesonderten Einladungskarte an die Großeltern voraus.

Anhand der Thematik „Licht – Dunkelheit" und des erlebten Martinsfestes mit Laternenumzug führten wir die Kindergartenkinder hin zu einer gemeinsamen Lichterfeier mit den Großeltern. Wir brachten Licht und Dunkelheit mit unseren Lebenserfahrungen in Zusammenhang (Dunkelheit: Kummer, Streit, Neid, Angst, Einsamkeit; Licht: Freude, Freundschaft, Gemeinschaft, Mut, Frieden, Teilen) und gewannen die Erkenntnis, dass Menschen einander brauchen, um glücklich leben zu können.

Pantomimenspiel sowie entsprechendes Lied- und Buchmaterial unterstrichen diese Aussage, und das Basteln einer Tischlaterne für die Großeltern sowie das gemeinsame Zubereiten des Imbisses sollten hierfür ein sichtbares Zeichen sein.

Die erste Kindergartengruppe erwartete ihre Großeltern in der Eingangshalle. Nach der individuellen Begrüßung und Programmabsprache gingen wir in den Medienraum, leiteten die Lichterfeier mit dem Tanzlied „Hallo, schön, dass du da bist" ein, betrachteten die Dias „Wie die Sonne in das Land Malon kam" (Dias/Bilderbuch beim RPA Verlag in Landshut erhältlich), stellten kurz den Bezug zu unserem Treffen her und spürten die Nähe der anderen, indem wir sie an die Hand fassten und gemeinsam sangen (u.a. das Lied „Das wünsch ich sehr").

In der Spielgruppe angekommen, achteten wir auf eine ausgewogene Sitzordnung. Wir gedachten der nicht anwesenden Omas und Opas und servierten dann an den mit leuchtenden Laternen geschmückten Tischen die von Kindern zubereiteten Bratäpfel und den Kinderpunsch.

Zum Abschluss bildeten die Großeltern einen Kreis im Garderobenbereich, um dem Lichtertanz der Kinder beizuwohnen (nach dem Lied „Tragt in die Welt nun ein Licht"). Während eine Kollegin die Laternenlichter entzündete und die Tanzaufstellung übernahm, befragte eine andere die einzelnen Großeltern nach ihrer Bereitschaft zur Mitarbeit in der Kindergruppe. Mit einem Geschichtenheftchen und der Tischlaterne verabschiedeten sich die Kinder nach dem Lichtertanz.

Die anderen drei Kindergartengruppen führten die Lichterfeier an den darauf folgenden Tagen mit zum Teil anderen Liedern und Speisen (Apfelringe/Lebkuchen) durch. Insgesamt 75 Senior/innen nahmen an den Feiern teil.

Kurze Zeit später konnte bereits eine Großmutter in Einzelaktion treten. Sie hatte sich bei der Lichterfeier als Märchenerzählerin angeboten. Da wir in unserem Kinder-Familien-Haus den Geburtstag eines jeden Kindes feiern, nahmen wir diesen Festtag ihres Enkelkindes als Anlass. In einem kurzen Vorgespräch wurden Märchentitel, „Arbeitsbereich", Gruppengröße, Zeitpunkt und Dauer festgelegt. Ein Gespräch mit den Kindern über diesen Einzelbesuch und den Ablauf der Geburtstagsfeier folgte.

Am Geburtstag wurde der Fünfjährige mit einem Geburtstags-Zauberhut und herzlichen Glückwünschen begrüßt. Er backte und verzierte mit seinen Freunden kleine Kuchen. Währenddessen malten Kinder Geburtstagsbilder für ihn und bereiteten die Geburtstagstafel vor. Nachdem er durch das Kinderspalier hindurch gekrochen war, nahmen alle Kinder am Tisch Platz, wo er besungen und hochgehoben wurde und ihm Fingerpuppen als Geburtstagsgeschenk überreicht wurden. Als Höhepunkt – nach dem Essen und einer kurzen Vorstellung ihrer Person – faszinierte die Großmutter die Kinder mit einem schwedischen Weihnachtsmärchen und stimmungsvoller Geigenmusik. Die Kinder wirkten ruhig und ausgeglichen, konzentrierten sich ganz auf die Seniorin, begeisterten sich an ihrer Geigenmusik und interessierten sich sehr für das Instrument. Die Großmutter spürte die Wertschätzung der Kinder. Ihr Gesichtsausdruck zeigte Freude und Zufriedenheit. Nach einer kurzen Plauderei bedankten sich die Kinder mit einem Lied. Dann verabschiedeten sie die Großmutter, wobei sie den Wunsch äußerten, sie bald wieder zu sehen.

Mitte Dezember erfolgte eine Einladung seitens der örtlichen Seniorengruppe zur Mitwirkung an der am Wochenende stattfindenden traditionellen Senioren-Adventsfeier im Pfarrheim. Um die fünf- und sechsjährigen Kindergartenkinder sowie die sechs- bis achtjährigen Hortkinder nicht zu überfordern, konzipierte das Team das Programm als einen „adventlichen Bilderbogen", wobei die Kinder größtenteils auf ihr Liederrepertoire zurückgreifen konnten und nur noch einen Kanon und den Lichtertanz einstudieren mussten.

Nach der Absprache des Programms mit dem Pfarrer und dem Seniorengruppenleiter übernahmen einige Kolleginnen die Vorbereitung und kurze Sprechtexte, andere formierten sich als Musikensemble, während die Leiterin organisatorische Aufgaben (u.a. Elternbrief, Programm-Skript) und die Führung durch das Programm verantwortete. Die Kinder lernten intensiv; auch waren gemeinsame Proben notwendig, um Kinder und Fachpersonal aus den verschiedenen Gruppen zu einer Aufführungsgruppe zu vereinen.

Am Tag der Feier traf sich unsere Organisationsgruppe frühzeitig zum Materialtransport und Aufbau im Pfarrheim. Kinder und Eltern erhielten letzte Anweisungen und Informationen über den Zeitablauf. Interessierte Eltern konnten der Feier beiwohnen, ansonsten konnten sie die Kinder nach einer Stunde abholen. Als wir eintrafen, warteten bereits eine große Seniorengruppe, der Pfarrer und der Bürgermeister auf unseren Einzug. Mit Blick zum Publikum nahmen die Kinder ihre Sitzordnung so ein, dass sie teils „Vorführende", teils „Betrachtende" waren.

Texte und Dias wechselten mit Liedern, Gedichten und Tänzen der Kinder (unter Einsatz von dem kleinen Orff-Schlagwerk, von Glöckchen, Leuchtstäben und weiteren Requisiten). Die Senior/innen sangen und klatschten bekannte Lieder und Refrains mit. Gemeinsam „wanderten" wir auf den Wegen des Advents nach Weihnachten. Mit Äpfeln und Mandarinen dankte der Seniorengruppenleiter den Kindern für ihre besinnliche Darbietung.

Welche Erfahrungen haben wir aus den bisherigen Begegnungen mit älteren Menschen gewonnen? Je intensiver sich das Erziehungspersonal (12 Personen) und die 125 Kinder auf das Projekt eingelassen und damit beschäftigt haben, desto natürlicher waren die Vorfreude und der Umgang mit den Senior/innen. Viele Kinder saßen im Bilderbuchbereich, betrachteten die mitgebrachten Fotos von Oma/Opa und erzählten sich gegenseitig von Erlebnissen und Fähigkeiten ihrer Großeltern. Mit Eifer und Ausdauer gestalteten sie Bilder und Geschenke. Sie drängten die Großeltern zum Besuch und reagierten mit Freude und Stolz auf deren Anwesenheit.

Manche Kinder zeigten sich am ersten Begegnungstag verlegen und schlüpften in Beobachterrollen; andere waren enttäuscht über das Fehlen eigener Großeltern. Ansonsten waren die Kinder recht kontaktfreudig gegenüber den noch unbekannten Senior/innen aus der Seniorengruppe. Herzlichkeit und Unbefangenheit, Ankuscheln und Scherzen kennzeichneten bereits die Atmosphäre des zweiten Treffens.

Wir freuten uns über die generelle Bereitschaft der Großeltern, sich auf Neues einzulassen und vertrauensvoll mitzumachen. Allerdings äußerte bei unserer Umfrage zur Mitarbeit in der Kindergruppe ein Großteil der Senior/innen Zurückhaltung vor einer Einzelaktion. Manche Großeltern boten sich jedoch zum Märchenerzählen, Basteln, Backen oder Betrachten des Fotoalbums an. Ein Senior erklärte sich zur Erstellung von Einladungsbriefen für die Einweihungsfeier mit Hilfe des Computers bereit.

Empfehlenswert ist ferner die Zusammenarbeit mit Altenheimen im Kontext solcher Projekte. Auch hier sollten möglichst längerfristige Kontakte angestrebt werden. Vorführungen der Kindergruppe im Seniorenheim zur Adventszeit mit anschließendem Kuchenessen sind sicherlich ein akzeptabler Weg. Besser ist es aber, wenn die Kinder das ganze Jahr hindurch immer wieder das Altenheim aufsuchen. Dann geht die Scheu vor den Senioren verloren, kommt es zur offenen Kommunikation mit ihnen, bilden sich engere Beziehungen heraus und findet manches Kind vielleicht sogar einen „Ersatz-Opa" oder eine „Ersatz-Oma". Auch können mehr gemeinsame Aktivitäten wie Spielen, Backen, Basteln, Töpfern und Herstellen von Bilderbüchern oder anderen Gegenständen durchgeführt werden. Zugleich lernen die Kinder die Institution „Altenheim" richtig kennen.

Kontakte zu Senioren aus der Nachbarschaft ergeben sich in der Regel zufällig. Es kann aber auch mit dem Pfarrer vereinbart werden, dass z.B. alle (allein stehenden oder pflegebedürftigen) alten Menschen in der Gemeinde ab dem 75. oder 80. Lebensjahr regelmäßig besucht werden (natürlich mit deren Einverständnis und nach Anmeldung). Auf diese Weise können ebenfalls engere Beziehungen entstehen – und die Senioren sind oftmals sehr beglückt und gerührt.

Manchmal kommt es auch zu Gegenbesuchen. Die älteren Menschen helfen im Garten, kochen und backen mit den Kindern, lesen ihnen vor, musizieren, erzählen Märchen oder berichten aus vergangenen Zeiten. Gelegentlich begleiten sie die Gruppe bei Spaziergängen oder Ausflügen. Wird nicht ganz deutlich, dass Kinder, Senior/innen und *Erzieher/innen* von solchen Kontakten profitieren?

2.8 Andere Länder – andere Sitten

Die multikulturelle Erziehung ist seit langem ein Schwerpunkt der (Früh-) Pädagogik. Hierfür gibt es mehrere Beweggründe:

- Kinder verschiedenster Nationalitäten sollen sich näher kommen und ihre jeweilige Andersartigkeit als Normalität erfahren lernen. So können Vorurteile abgebaut werden. Die deutschen Kinder sollen den soziokulturellen Hintergrund ausländischer Kinder besser verstehen und ernst nehmen, während Letzteren eine positive Identifikation mit ihrem Herkunftsland ermöglicht werden soll, sodass sie ihren Migrationshintergrund nicht verdrängen oder sich seiner schämen müssen.

- Die Kinder sollen auf das Leben in einer multikulturellen Gesellschaft vorbereitet werden.

- Als Staatsbürger in der immer weiter zusammenwachsenden Völkergemeinschaft der Europäischen Union sollen Kinder die verschiedenen Kulturen als Bereicherung erleben.

- Schließlich sollen die Kinder Kenntnisse über die Vielzahl fremder Völker, ihre Lebensstile, Sitten, Gebräuche und Existenzbedingungen erwerben.

Multikulturelle Erziehung ist auch durch Projektarbeit möglich. Dabei wird auf der Neugier und Offenheit der Kinder im Vorschul- bzw. Grundschulalter aufgebaut. Beispielsweise können die Herkunftsländer der Kinder mit Migrationshintergrund vorgestellt werden (eins nach dem anderen). Die Kinder schauen Bildbände, Fotos, Dias oder Postkarten über das jeweilige Land an und erkennen Unterschiede in Landschaft, Klima, Baustil und Lebensweise gegenüber Deutschland. Auch erzählen die Kinder mit Migrationshintergrund, was sie über ihr Herkunftsland wissen und woran sie sich von früheren Aufenthalten her erinnern. Da dies oftmals recht wenig ist, können ihre Eltern eingeladen werden, die dann die Berichte ergänzen.

Eltern mit Migrationshintergrund bringen – bei entsprechender Aufforderung – auch gerne typische Kleidungsstücke (Tracht), Gebrauchsgegenstände, Geldstücke, Briefmarken und Musikinstrumente mit, die gemeinsam betrachtet werden. Oft erklären sie sich bereit, eine landesübliche Mahlzeit zu kochen, mit den Kindern ein Fest aus ihrer Heimat zu feiern, ihnen heimische Kinderspiele beizubringen, Volkstänze zu lehren oder Musik (auch von der CD) vorzuspielen. Insbesondere wenn sie gut Deutsch sprechen, können sie auch Märchen aus ihrem Herkunftsland erzählen. Viel Spaß macht es den Kindern, wenn sie ihre Namen auf Griechisch, Italienisch, Türkisch, Polnisch oder Russisch erfahren oder einfache Worte (z.B. Grußformeln) in der jeweiligen Sprache lernen. Ergänzend können beispielsweise türkische oder chinesische Geschäfte, Ausländerzentren, internationale Begegnungsstätten oder Dritte-Welt-Läden besucht werden.

Ein spannendes Erlebnis ist auch die Fantasiereise in ein fernes Land – z.B. nach Brasilien (vgl. Bosse 1992). Die Kinder sammeln Informationen über das lateinamerikanische Land, indem sie eine Bibliothek besuchen, Bildbände und Reiseführer ausleihen und diese betrachten. Sie suchen Brasilien auf einer Weltkarte oder einem Globus und überlegen, welche Reiseroute sie einschlagen und welches Verkehrsmittel sie verwenden wollen. Gemeinsam wird der Besuch in einem Reisebüro vorbereitet („Was wollen wir wissen – über Landschaft, Wetter, Verkehrsverbindungen, Essen usw.?") und durchgeführt. Die erhaltenen Prospekte werden studiert und besonders interessante Reiseziele in Brasilien ausgewählt, sodass nun auch die Reiseroute im Land festgelegt werden kann.

Im Gruppenraum werden ein „Flughafen" (mit Check-In, Gepäckaufgabe, Passkontrolle, Zoll) und ein „Flugzeug" (nebeneinander in Reihen aufgestellte Stühle) gebaut. Und dann ist es schließlich soweit – die Reise nach Brasilien beginnt. Ein Teil der Kinder begibt sich zum „Flughafen", wo der andere Teil als Hostessen, Gepäckträger/innen, Zollbeamt/innen, Pilot/innen und Stewards und Stewardessen Dienst tut. Nach den üblichen Kontrollen steigen die jungen Tourist/innen in das „Flugzeug" ein und heben ab. Sie werden vom Kapitän begrüßt und bekommen von den Stewards und Stewardessen einen Imbiss gereicht. Dann landen sie in Rio de Janeiro und müssen erneut den „Flughafen" passieren. In „Brasilien" lernen die Kinder Landschaft, Flora, Fauna, Städte und Dörfer kennen – z.B. anhand eines Videofilms oder von Dias. Auch kann eine landestypische Mahlzeit gekocht und verspeist werden. Dann wird es Zeit für den Rückflug...

Natürlich kann im Kontext eines solchen Projekts auch ein richtiger Flughafen besichtigt werden. Und ein Besuch in der Tropenabteilung eines Zoos oder eines botanischen Gartens kann den Kindern einen Eindruck von der Temperatur, Luftfeuchtigkeit, Vegetation und Tierwelt im brasilianischen Dschungel vermitteln.

Für ein Projekt über längst vergangene Kulturen bieten sich immer wieder die Indianervölker (vor Ankunft der Weißen) an, da Kinder durch Fernsehfilme ein gewisses, wenn auch klischeehaftes Vorwissen haben und gerne in die Rolle von Indianern schlüpfen. Zudem ist es interessant, die höchst unterschiedlichen Lebensstile und Gesellschaftsformen verschiedener Indianerstämme miteinander zu vergleichen – z.B. die der nomadisierenden Shoshone (Jäger und Sammler), der teilweise sesshaften Sioux und der hoch entwickelten Hopi.

Auch bei einem solchem Projekt bietet es sich an, zunächst die Kinder erzählen zu lassen, was sie von der Lebensweise, der Kleidung und Ausrüstung von Indianern wissen. Dann können die Erzieher/innen berichten, wo die Indianer herkamen (Globus, Weltkarte), wo in Nordamerika die verschiedenen Volksstämme siedelten, wie sie sich den dort vorgefundenen Lebensbedingungen anpassten, wie die Arbeitsteilung innerhalb der Familie aussah, wie die Eltern ihre Kinder erzogen und welche religiösen Vorstellungen entwickelt wurden. Diese Gesprächsinhalte sollten natürlich auf mehrere Tage verteilt werden. Es ist mit mehr Aufmerksamkeit zu rechnen, wenn die Erzieher/innen in die Rolle eines Sioux- oder Hopikindes schlüpfen und von dessen Warte aus erzählen.

Wie ein Indianerprojekt mit Schulkindern weiter verlief, berichtet Völker (1992, S. 22, 26f.):

„Dann wurde besprochen, wie Indianer wohnen. Die Kinder erkannten schnell, dass die Landschaft die Lebensgewohnheiten und natürlich auch die jeweils typische Art des Wohnens bestimmt. So sind die nomadisierenden Prärie-Indianer darauf angewiesen, ihre Tipis schnell ab- und wieder aufbauen zu können. Die sesshaften Indianer des Waldlandes und an der Nordwestküste errichten dagegen zum Teil aufwändige Holzkonstruktionen. Im Südwesten ist Lehm der gebräuchliche Baustoff. Die Flach-

119

dachhäuser der Hopi aus getrockneten Ziegeln haben auch den Vorteil, dass sie im Innenbereich angenehm kühl sind...

Am Dienstag gingen die Teilnehmer der Projektgruppe daran, ein Tipi in Originalgröße herzustellen. Das Tipi mit einer Zeltwand aus starkem Nesselstoff sollte später die Maße 7,00 m x 3,60 m und 3,50 m Durchmesser haben.

Um die Zeltwand bedrucken zu können, mussten zuerst Schablonen ausgeschnitten werden. Motive waren geometrische Formen, besonders Dreiecke, und naturalistische Motive (Bisons, Pferde, Jagd- und Kampfszenen). Mit Stoffmalfarben wurde die Leinwand dann bedruckt. Am nächsten Tag stellten die Schüler ein Indianerschild her. Das Schild aus starker Pappe wurde mit Deckfarben bemalt und mit Federn und Bändern verziert. Bei den Motiven für die Bemalung orientierte man sich an echten Vorbildern."

Zelte und Pueblos können selbstverständlich auch in kleinem Maßstab nachgebaut werden. Ferner können die Kinder Indianerpuppen, Mokassins, Pfeil und Bogen, Lendenschurze, Perlenschmuck oder andere Gegenstände basteln. Sie bekommen einen Eindruck von der mühseligen Lebensweise der Indianer, wenn sie z.B. Kräuter für einen Tee oder Salat in der freien Natur sammeln oder ein Gartenbeet mit Grabstöcken anlegen. Im Rahmen des Projekts können Sachbücher und Bildbände betrachtet, Indianermärchen vorgelesen, Indianerspiele durchgeführt, typische Gerichte gekocht oder Ausflüge zu Völkerkundemuseen unternommen werden.

Schlusswort

Erinnern Sie sich an die Aussage zu Beginn des Buches (Kapitel 1.1), dass Kinder in immer größer werdenden Radien ihr Umfeld erkunden? Im zweiten Teil unseres Buches sind wir ähnlich vorgegangen. So hat uns unser Streifzug durch die Praxis der Projektarbeit von den Außenflächen der Kindertageseinrichtungen bis hin nach Amerika geführt.

Wenn wir auf all die vorgestellten Einzelprojekte und Projektreihen zurückblicken, können wir feststellen, dass sie den Prinzipien einer zeitgemäßen Frühpädagogik (siehe Kapitel 1.2) entsprechen. In einem längerfristigen Projekt können in der Regel auch alle in den Bildungsplänen der Bundesländer genannten Basiskompetenzen gefördert werden. Schließlich können die dort genannten Bildungsbereiche miteinander kombiniert werden, sodass sie in einem Projekt nicht so isoliert wie bei „klassischen" Beschäftigungen – z.B. „10.00-11.00 Uhr Malen" oder „13.00-13.30 Uhr Bilderbetrachtung" – abgehandelt werden (vgl. Textor 2004).

Ist Ihnen also bewusst geworden, wie sehr Sie die Entwicklung der Ihnen anvertrauten Kinder durch Projektarbeit fördern, wie interessant das für Sie selbst ist und wie viel Spaß Sie dabei haben werden? Sie können aus dem Alltagstrott ausbrechen und neue Wege gehen! Planung und Durchführung von Projekten bringen Abwechslung in Ihr Leben, fordern Ihre Kreativität und Ihr Organisationstalent, lassen Sie in Beziehung zu anderen Erwachsenen treten und führen zu neuen Erlebnissen, Erfahrungen und Kenntnissen. Nebeneffekte Ihrer Projekte sind die Intensivierung der Bildungspartnerschaft, ein positiveres Bild von der Kindergartenarbeit auf Seiten der Eltern, mehr Achtung und Respekt Ihnen gegenüber sowie die Verbesserung des Bildes Ihrer Kindertageseinrichtung in der Öffentlichkeit. So sollten Sie möglichst viele Projekte zusammen mit Ihren Kolleg/innen und Ihren Kindern konzipieren und durchführen!

Literatur

Barthelmes, J./Sander, E.: Familie trotz Fernsehen? Medien im Familienalltag. In: Deutsches Jugendinstitut (Hrsg.): Wie geht's der Familie? Ein Handbuch zur Situation der Familie heute. München 1988, S. 381-394

Bosse, U.: Laborschule (Eingangsstufe): Kinder in anderen Ländern. In: Hänsel, D. (Hrsg.): Das Projektbuch Grundschule. Weinheim, 4. Aufl. 1992, S. 114-139

Frey, K.: Die Projektmethode. Weinheim, 3. Aufl. 1990

Görlich-Kreitmann, R.: Laborschule (Eingangsstufe): Das Indianerprojekt. In: Hänsel, D. (Hrsg.): Das Projektbuch Grundschule. Weinheim, 4. Aufl. 1992, S. 87-113

Gudjons, H.: Handlungsorientiert lehren und lernen: Schüleraktivierung, Selbsttätigkeit, Projektarbeit. Bad Heilbrunn, 4. Aufl. 1994

Gunesch, E.: Kinder und Eltern nehmen ihren Ort bewusster wahr. In: Theorie und Praxis der Sozialpädagogik 1989, 97, S. 256-258

Häffner, U.: Ein Gartentagebuch. Praktisches Lernen im Schulgarten. In: Grundschule 1989, 21 (6), S. 38-40

Hänsel, D.: Was ist Projektunterricht, und wie kann er gemacht werden? In: Hansel, D. (Hrsg.): Das Projektbuch Grundschule. Weinheim, 4. Aufl. 1992, S. 15-47

Herz, O.: Veränderte Lebensbedingungen. Veränderung der Lernbedingungen. Oder: Auf dem Weg zu einem erweiterten Schulverständnis. Dortmund 1994

Hopf, A.: Die Öffnung des Kindergartens zur Gemeinde und zum Stadtteil hin. In: Wehrfritz Wissenschaftlicher Dienst 1988, Nr. 40, S. 23-25

Hübner, B./Krüger, J.: Kommunikation zwischen Vorschulkindern und Altenheimbewohnern. In: Archiv für angewandte Sozialpädagogik 1978, 9, S. 99-113

Hundmeyer, S.: Aufsichtspflicht in Kindertageseinrichtungen. Rechtlich begründete Antworten auf Fragen der Praxis zur Aufsichtspflicht, Haftung und zum Versicherungsschutz. Kronach, 2. Aufl. 1994

Imhof, M.: Wie die Menschen früher lebten. Unterricht im Freilichtmuseum Hessenpark. In: Grundschule 1988, 20 (5), S. 30-32

Katz, L. G./Chard, S. C.: Engaging children's minds: the project approach. Norwood 1989

Kaufmann, F-X.: Zukunft der Familie. München 1990

Knauf, T.: Projekte in der Reggio-Pädagogik. http://www.kindergarten paedagogik.de/1067.html, 2003

Koranda, J.: Naturschutz am Lanzenreuter Weiher. In: Grundschule 1984, 16 (3), S. 12-13

Langer, G.: Lesefreuden in der Schule. Kinder besuchen einen Jugendbuchverlag. In: Grundschule 1989, 21 (1), S. 64-66

Loewenfeld, M.: Mobil-Spiel e.V., Ökoprojekt. Selbstdarstellung des Ökoprojekts unter dem Motto „Orte zum Leben für Kinder und ihre Familien". In: Treffpunkt Kindergarten. Forum Sozialpädagogik 6/1994, S. 3-4

Münder, J.: Beratung, Betreuung, Erziehung und Recht: Handbuch für Lehre und Praxis. Münster 1990

Nachbar, R. R.: What do grown-ups do all day? The world of work. In: Young Children 1992, 47 (3), S. 6-12

Pilgrim, M.: Alte Leute erzählen. In: Grundschule 1983, 15 (4), S. 36-38

Poppek, A.: Erfahrungen einer neunjährigen Zusammenarbeit zwischen Kindergarten und Museum. In: Bundesminister für Bildung und Wissenschaft (Hrsg.): „Kunst für Kinder". Modelle, Projekte und Erfahrungen in der Kulturarbeit mit Kindern. Bonn: Selbstverlag 1980, S. 61-64

Pramling, I.: Learning about „The shop": An approach to learning in preschool. In: Early Childhood Research Quarterly 1991, 6, S. 151-166

Reble, A.: Geschichte der Pädagogik. Stuttgart, 12. Aufl. 1975

Sahliger, U.: Die Aufsichtspflicht im Kindergarten. Münster 1994

Schmitz, A.: „Hier wohnen auch Hühner". In: Kinderzeit 1990, 41 (4), S. 40-41

Schmitz, A.: Heute kommt Oma wieder! In: Kinderzeit 1991, 42 (1), S. 38-39

Stamer-Brandt, P.: Projektarbeit in der Kita. Freiburg: Herder 2018

Textor, M. R.: Ausbruch aus dem Alltagstrott. Projektarbeit – Eine Methode zur Öffnung des Kindergartens. In: Welt des Kindes 1997, 75 (3), S. 40-45

Textor, M. R.: Projektarbeit in Kindertageseinrichtungen: theoretische und praktische Grundlagen. In: Rieder-Aigner, H. (Hrsg.): Handbuch Kindertageseinrichtungen. Walhalla 1999, 16. Aktualisierung, S. 1-16

Textor, M. R.: Projektarbeit – Kombination von Bildungsbereichen und ganzheitliche Kompetenzentwicklung. http://www.ifp.bayern.de/veroef fentlichungen/infodienst/projektarbeit-textor.html, 2004

Völker, R.: Indianer in der Grundschule. In: Lehren und Lernen 1992, 18 (10), S. 14-41

Autor

Dr. Martin R. Textor, Jahrgang 1954, studierte Erziehungswissenschaft, Beratung und Sozialarbeit an den Universitäten Würzburg, Albany (New York) und Kapstadt. Er arbeitete 20 Jahre lang als wissenschaftlicher Angestellter am Staatsinstitut für Frühpädagogik in München. Vom November 2006 bis Dezember 2018 leitete er zusammen mit seiner Frau das nicht universitäre Institut für Pädagogik und Zukunftsforschung (IPZF) in Würzburg. Seit Januar 2019 ist er Rentner.

Martin R. Textor veröffentlichte 23 Monographien, 23 Fachbücher als (Mit-) Herausgeber, mehr als 470 Artikel in Fachzeitschriften, wissenschaftlichen Zeitschriften und (Hand-) Büchern (ohne graue Literatur), rund 300 Fachartikel im Internet sowie circa 640 Rezensionen. Ferner wirkte er an 485 Veranstaltungen – mit mehr als 24.600 Teilnehmer/innen – als Referent oder Fortbildner mit.

Gemeinsam mit Antje Bostelmann gibt Martin R. Textor „*Das* Kita-Handbuch" heraus (www.kindergartenpaedagogik.de). Ferner ist er Autor der Websites „Zukunftsorientierte Pädagogik" (www.zu kunftsorientierte-paedagogik.de), „Zukunftsentwicklungen" (www. zukunftsentwicklungen.de) „Kindertagesbetreuung" (www.kinder tagesbetreuung.de) sowie „Elternarbeit in Kita und Schule" (www. elternarbeit.info). Ausführliche Informationen über seine Person und seine Veröffentlichungen können auf www.ipzf.de abgerufen werden. Seine Autobiographie ist unter www.martin-textor.de zu finden.